U0672028

结婚的社会

The Two-Parent Privilege

How Americans Stopped Getting Married
and Started Falling Behind

[美] **玛丽莎·S. 科尔尼** 著
Melissa S. Kearney

李小霞 译

浙江人民出版社

The Two-Parent Privilege: How Americans Stopped
Getting Married and Started Falling Behind by
Melissa S. Kearney © 2023 by The University of Chicago.
All rights reserved.
Licensed by The University of Chicago Press, Chicago, Illinois, U.S.A.
This Chinese edition is arranged through Gending Rights Agency(http://gending.online/)

浙 江 省 版 权 局
著作权合同登记章
图字：11-2023-490

图书在版编目（CIP）数据

不结婚的社会 / (美) 玛丽莎·S. 科尔尼
（Melissa S. Kearney）著；李小霞译. -- 杭州：浙江
人民出版社，2025. 4. -- ISBN 978-7-213-11863-0

Ⅰ. F063.4

中国国家版本馆CIP数据核字第2025EN3286号

不结婚的社会

BU JIEHUN DE SHEHUI

［美］玛丽莎·S. 科尔尼　著　　李小霞　译

出版发行：浙江人民出版社（杭州市环城北路 177 号　邮编：310006）
　　　　　市场部电话：(0571) 85061682　85176516
责任编辑：潘海林　昝建宇　陈佳迪
策划编辑：楼安娜　陈佳迪
营销编辑：张紫懿
责任校对：王欢燕
责任印务：幸天骄
封面设计：李　一
电脑制版：董　董
印　　刷：杭州丰源印刷有限公司
开　　本：787 毫米 × 1092 毫米　1/32　　　　印　　张：10.25
字　　数：169 千字　　　　　　　　　　　　插　　页：1
版　　次：2025 年 4 月第 1 版　　　　　　　印　　次：2025 年 4 月第 1 次印刷
书　　号：ISBN 978-7-213-11863-0
定　　价：58.00 元

如发现印装质量问题，影响阅读，请与市场部联系调换。

世上的家庭千差万别，形态各异。人们以各种不同的方式组建家庭，更以五花八门的方式经营家庭。每个家庭是如此不同，它们有自己的个性、怪癖、习惯和传统，正是这些造就了它们的独特之处。家庭问题显得格外私密，部分原因在于，说到底，任何一个家庭该怎么经营不关外人的事（前提是没有人在家庭中受到伤害）。

然而，不同的家庭结构如何能给孩子带来不同的好处，以及给社会做出不同的贡献——那就是另一个问题了。例如，我们有理由认为，双亲家庭比单亲家庭更能为孩子提供经济方面和非经济方面的资源支持。我这么说并不是要评判、指责或贬低单亲家庭，在此我只是想指出两点：第一，抚养孩子需要付出大量劳动和资源；第二，家庭中双亲俱全，通常意味着能有更多的资源被投入来维持家庭运转。

美国单亲家庭的数量正在急剧增加。这反映出这个国家抚养儿童的方式发生了深刻的变化，而这种变化对儿童、对社会都会产生影响。尽管讨论这些变化及其影响可能会让人感到不适，但不去直面并审视这个问题，哪怕趋势发展向好，最终的结果也会适得其反。

我在过去的近四分之一个世纪里一直致力于研究美国的贫困、不平等和家庭结构问题。作为一名有麻省理工学院（MIT）教育背景的经济学家，我在研究中一方面秉持客观理性的研究方法，另一方面和研究对象保持着情感上的联结。基于手头的大量证据，我可以非常自信地说——结婚率下降及由此引发的单亲家庭子女比例的上升，导致了美国家庭在经济上缺乏保障，不同背景的孩子在机会和成就上的差距扩大，并在今天引发了经济和社会层面上的各种挑战。我们无法忽略这些问题，但恐怕也难以逆转局势。

近年来，每当我和其他学者谈论撰写这本书的计划时，我收到最多的回应是："我基本上同意你对这些问题的看法。但你确定要和公众谈论这些吗？"对此，我思考了很久。我的回答是，我不想，但我必须这么做。说不想，是因为把这些问题放在学术会议上讨论要轻松自在得多。在那样的环境

不结婚的社会

里，大家都面对同样的数据和证据，可以理性地、（在大多数情况下）冷静地谈论数据和证据背后的含义。说必须，是因为即使学者们了解这些趋势，并能积极探讨各种政策以及政府的应对措施，但社会变革并不会发生在学术期刊的页面上或学术会议的桌子旁。只有当公众参与这些问题的研究，并且政策制定者手握事实和证据时，社会变革才会发生。我已经花了足够多的时间在学术环境中研究和探讨这些问题，是时候让更多的人听到这些结论了。

我首先是一位母亲，其次才是一位经济学家。我非常关心孩子，关心所有孩子的福祉。我关心人们要拥有何种机会才能过上更好的生活，在社会中茁壮成长。同时，我也一直在思考，经济结构是如何丰富或妨碍人们的生活的。此外，我对美国日益加剧的不平等和放缓的社会流动深感忧虑。我的研究让我确信，结婚率下降，以及在单亲家庭长大的子女比例上升，既是导致美国当前经济和社会问题的原因，也是经济和社会问题带来的结果。在这本书中，我将详细描述和论证这些问题的本质。它们涉及的范围很广，而且极具挑战性。

我的祖母是一位意大利移民，她在 1921 年来到美国，只接受过小学教育；我的母亲没有机会像我一样接受教育，拥有自己的事业；我的三个孩子非常幸运地拥有众多资源优势，包括有机会在安全的社区就读优秀的学校。从中，我看到了经济和运气的作用，看到父母的梦想和恐惧如何影响孩子们的成长。我看到孩子们的希望，看到各种他无法控制的外力如何一步步塑造他们的人生。我一方面借由自己的生活来观察周围的世界，另一方面也从数据和严谨的研究中寻找答案。通过这两种途径，我可以了解当今社会的普遍现象，探寻这些现象背后的原因，并研究采取何种行动能改善人们的生活。

我完全能预料到，有些人可能仅仅读了标题就觉得自己了解了书中的内容，并形成了鲜明的个人观点。但在这本书中，并不存在什么容易反驳的"稻草人"*式的强词夺理。我不会责怪单亲母亲，不会粉饰美国种族主义的有害影响，更不会提倡每个人都应该结婚。我不会低估父亲缺席对孩子的影响，不会忽视这些人不想成为好父亲的事实，也不会宣扬什么全职太太和养家丈夫的标准。我要做的就是用数据和严谨的研究来证明，双亲环境通常比单亲环境更能为孩子带来资源优势；进一步而言，双亲家庭正日益成为一种特权，被

---

* 所谓"稻草人"理论（straw-man），指的是一种错误的论证方式，指人在辩论中有意无意地歪曲论题的意思，以便更容易地攻击对手，或者回避对手较强的论证而攻击其较弱的论证。——译者注

掌握在社会资源更丰富的群体手中。这一观点也让我不禁要问，为什么现在还有这么多美国父母在婚姻之外抚养孩子？结婚率下降背后的原因是什么？为什么受过大学教育的成年人的结婚率比其他人高很多？单亲家庭和双亲家庭是如何影响孩子的教育和经济成就的？为什么会产生这种影响？

在这本书中，我并不是作为一个带有道德或价值取向的个体在说话，而是以经济学家的身份提出问题并回答问题。在讨论婚姻和家庭的话题时，做到让人不觉得是在谈论价值观问题是相当困难的。但我希望，我能用社会科学研究的方法来讨论这些重要话题。这样，我们就可以把这一主题从棘手的文化战争中解脱出来，正视问题，展开科学辩论，共同采取措施，最终改善美国家庭的生活。

写于马里兰大学公园
2022 年 12 月

目录

第一章

房间里的大象

在某些领域，机会不平等的现象是显而易见的。其中有的问题可以通过社会补救行动解决。最明显的例子就是那些脱离家庭关系正轨的人。

——［美］阿瑟·M.奥肯（Arthur M.Okun）★

几年前，我参加了一个为期两天的小型会议。这个会议把学者和政策制定者们聚集在一起，探讨收入不平等、经济流动性及国家面临的其他相关问题。和许多其他行业的专家一样，学院派的经济学家需要参加很多这样的会议：前往一个城市，听一整天的报告并参加小组讨论（通常是坐在没有窗户的房间里），和与会者共进晚餐，第二天早起再参加一整天的研讨会，讨论某个特定的主题。与会者会分享最新的研究成果，讨论各种观点和证据，为后续的研究制订计划。在最好的情况下，大家还会用有经济数据支持的现实证据为政策制定者提供决策信息。会后，我们这些人回到家中，思考在会上看过的新成果、进行过的对话，做进一步的工作，

* ［美］阿瑟·M.奥肯：《平等与效率》，王奔洲译，华夏出版社 1999 年版。——译者注

不结婚的社会

跟进在会上有过交谈的人,然后再重复这个过程。

在那场会议上,我们探讨了美国的就业率下降和收入差距扩大的问题,还探讨了美国贫富阶层之间日益扩大的经济差距如何导致美国人更难向上流动。所谓向上流动,即在经济上比父母一辈过得更好,实现我们通常说的"美国梦"。在整个会议中,大家的讨论大多集中在经济学家非常关注的话题上。我们谈到了有无四年制大学学历的劳动者之间的工资差距、技术竞争和进口竞争如何使某些工人群体处于不利地位,还谈到了工会代表人数的下降和首席执行官薪酬的上升、改进教育机构的必要性,甚至谈到了加强社会保障安全网和改革税法的途径。

在会议后程的一个研讨会上,我提出了已经思考了一段时间的问题:"我们该如何看待家庭和成长环境对这些社会问题的影响?如果我们谈论的是人们在学校和劳动力市场上的表现,那他们在什么样的家庭中长大难道不是一个重要的决定因素吗?"

会场上一片寂静。过了一会儿,我继续发言,列举了一系列关于婚姻和家庭结构中所存在的阶层差距的统计数据和事实,提出这些阶层差距也许应该成为我们关于不平等和流动性讨论中的一部分。接着,我指出接受过大学教育的成年人更有可能结婚，并在双亲家庭环境中抚养子女。他们的家庭资源（包括金钱，也包括养育子女所投入的时间和精力）与受教育程度较低的家庭相比存在非常明显的优势，后者显然缺少这类"奢侈"资源。有数据表明，这些家庭间的资源差异导致了他们的孩子在未来的生活中出现巨大的经济差异。

"难道我们不需要面对这些事实吗？我们应该如何看待这些问题？对此，政策制定者应该做些什么？"

这并不是我第一次向学界同行们提出家庭结构的问题，只不过这次研讨会的参与人数众多，不限于通常研究贫困、儿童和家庭的学者们。对于我提出的问题，大家的反应和我预料的一致。和之前一样，我提出这些问题后，等来的回应仍然是沉默。人们在座位上不安地移动着身体，他们的面部表情也表露出对这些问题持保留意见的态度。会场上的只言片语和人们消极的坐姿，让我看到大家似乎已经达成明显的共识——家庭和婚姻是私人问题，多多少少超出了当下的讨论范畴。我的同事们也承认，越来越多的美国儿童生活在单亲家庭中，这种情况在受教育程度较低的家庭中更为普遍；而且，出于诸多原因，单亲家庭中的孩子往往比双亲家庭中的孩子表现更差。尽管如此，他们的态度也暗示，大家是真的不知道该采取什么措施来解决这一问题。根据我的经验，在这种以学术探讨和政策制定为目标的会议上，人们更愿意谈论改善学校教育、增加大学入学机会和提高劳动所得税抵免的必要性，而不是谈论家庭结构和如何抚养孩子。请不要误解我的意思，这些问题当然也很重要，我也经常谈论它们。但我在这里想表达的意思很简单——尽管大家都避免谈论家庭问题，但这么做是有害而无益的。

那天的研讨会结束后，在酒店的大堂里，一位著名的经济学家迎上我，问了我一连串尖锐的问题，都是关于家庭结构在塑造孩子一生成就方面的作用。他问我："如果孩子们得到了照顾，父母结不结婚又有什么关系呢？真的有证据表明父母的婚姻对孩子在社会上的表现有影响吗？"于是，我又阐述了一些自己从大量数据和现有研究中了解到的情况，这些情况似乎都表明，与已婚父母一起生活长大的孩子具有明显的社会和经济优势。这主要是因为，已婚父母往往意味着双亲家庭，而双亲家庭又往往意味着孩子能从中获得比单亲家庭更多的资源。那位经济学家继续向我提出了更多、更具体的问题。几分钟后，他越发犀利地问道："如果父母离婚了，但父亲给予了大量的经济支持，那么他们的孩子是否仍然处于相对不利的地位？"

我当即打断了他："实际上，我并不怎么担心那些父母离异的有钱人家孩子，我担心的是那些在资源非常有限的单亲环境中长大的孩子，他们完全没有高收入家庭孩子拥有的经历和机会。"说实话，我并不了解这位经济学家的家庭情况，我猜测他问这些也许是想到了自己的孩子；其实他大可不必担心，他的孩子在未来的生活中大概率是会一帆风顺的。

那天晚上以及之后几天里，我一直在思考研讨会上众人面对我的问题时的沉默反应，以及后来我在酒店大堂与那位经济学家的谈话。他提出的问题并非仅仅出于学术或政策角度的好奇心。如果是那样的话，他大可以当着几十位经济学家和政策专家的面在会议室里向我发问。他的问题似乎很私人，完全像一位（我怀疑）离异的父亲或望子成龙的家长会关心的问题。他私下找到我问出这些问题，这恰恰反映出了一种割裂——我们对自己孩子的担忧和我们在公开场合谈论儿童福祉时的表现，并不一样。

我不由想起了最近与另一位经济学家的一次谈话。当我提到家庭结构对孩子成长的重要性时，他的反应是消极的。他好像受到了冒犯似的，说我听上去有"社会保守主义"的倾向，这几乎算是在暗指我"在学术上不够严肃"。我反驳道："你总是说你为自己的孩子做了什么，说自己花了多少时间和他们在一起。但是，当有人说其他孩子也能从父母双亲，尤其是从父亲的陪伴中受益的时候，你为什么会觉得自己受到了冒犯呢？"

这种公开言论和私下看法的割裂并不令人意外，甚至是合乎情理的。家庭和家户*事务方面的问题说到底是私人问题，而私人问题的本质，就是人们不会和他人公开谈论。大多数人也不喜欢对他人的私生活做出评判。这么看起来，这种不适感和踌躇感扼杀了公众对一个至关重要的话题的讨论，而这个话题不仅关乎儿童和家庭的福祉，也关乎整个国家的福祉。

我对这些问题思考得越多，就越想通过数据和现有的研究，弄清楚近几十年来家庭结构的变化对孩子的成长及社会有没有影响？有什么影响？先前，许多关于家庭结构的社会科学研究大都狭隘地集中在贫困问题上，既把它视作原因，

---

* 此处，作者区分了"家庭"（famliy）和"家户"（household），这是两个从不同观察视角出发而有的家庭概念。参考《家庭、家户和家考察的当代价值》（王跃生，2020），家庭指由具有血缘、姻缘和收养关系的成员所组成的亲属团体和生活组织，更侧重于亲属组织；家户亦称为"家庭户"，是以亲缘关系成员为主所形成的同居、共爨生活单位，其中包括无亲属关系却共同生活的成员，更侧重于共同的居住生活单位。本书绝大部分行文中都没有特别区分两个概念，因此都处理为"家庭"。——译者注

也视作结果。在前几代人中，单身母亲 * 往往与青少年早育和贫困问题紧密联系在一起，在这种情况下，研究青少年早育、非婚生育和贫困之间的恶性循环是有意义的。现在的问题是，情况是否（以及如何）发生了变化。既然现在单身母亲现象变得如此普遍，涉及如此多的人，那我们该如何看待家庭结构？为什么这么多成年人，即使有了孩子，仍然选择不结婚？这样的趋势将如何影响来自不同家庭背景的儿童？

经济学家在研究复杂的家庭问题及通常称为"家庭经济学"（economics of the household）的问题时，常规的做法是将这个高度复杂的话题分解为数量有限的关键因素，然后研究它们的发展趋势和走向。我们会从因果两个方面来假设各种因素之间可能的关系，然后分析数据，看看之前的假设是否成立。如果数据不支持最初的假设，我们就会修改理论模型或框架，然后通过修正后的视角重新分析数据。这些理论框架会指导我们对数据进行实证探究，对经验模型进行解释。通过这些过程，我们试图弄清问题的总体概貌。换句话说，

---

* 在原文中，作者描述独自抚养孩子的母亲时，区分了"单身母亲"（single mother）、"单亲母亲"（unpartnered mother）两种说法，前者强调母亲的单身状态，后者强调孩子的单亲状态。因此，译者在处理译文时，对于站在母亲角度的阐述，使用"单身母亲"，对于站在子女角度的阐述，则使用"单亲母亲"。——译者注

不结婚的社会

经济学家总是在寻找模式和规则，而不是反常和例外，我们通过数据来阐述整个事件。

在今天的家庭经济学研究中，有一个关键因素显得越来越重要——成年人是否接受过大学教育，影响了其孩子所在家庭的结构，并形成了日益扩大的差距。在这里，我关注的是四年制本科教育，并将其作为社会经济阶层划分的标志。可以肯定的是，是否拥有大学学历是衡量经济地位的一个粗略指标，尽管粗略，它仍然有意义；而且，在几乎所有的国家数据库里都能看到这一指标。在当下的美国，受过大学教育的成年人平均收入更高，相对而言找到工作的概率也更高。不但如此，他们的孩子长大后也更有可能获得大学学位，并且更有可能获得高收入。然而，拥有大学学历并不能说明这个人就是好人、有强烈的自我价值感与幽默感、能找到真爱，也不能说明他们的孩子也会成为这样的人，或者做这样的事。从某种程度上说，大学学历更能保障的是未来的经济安全和幸福，它是区分社会经济阶层的有用标志。同时，它也是造成收入不平等的一个因素，这在本书的叙述中尤为突出。

今天，美国收入不平等的问题极其严重，加剧了这个国家在文化和制度上的分歧。人们的受教育程度和收入水平有高有低，其收入差距正越来越大，这个国家关于共同经历及机会均等的承诺也受到了侵蚀。在不同环境下长大的孩子，无法得到平等的机会。受过高等教育、拥有较高收入的人群，他们的孩子几乎都在资源丰富的双亲家庭中长大；他们居住在安全的社区，学校资金充足，周围都是能考高分的同龄人；他们中的大多数人在高中毕业后会进入大学；这些人中的大多数都能完成大学教育，获得学位。换句话说，他们往往仅凭自身的家庭背景，就能过上衣食无忧的生活。相比之下，未婚父母的孩子更有可能在单亲家庭中长大，从统计数据上看，他们拥有那些资源或优势的可能性要低得多。美国社会的不平等问题加剧了这种相关性。与双亲家庭的孩子相比，资源较少家庭的孩子往往生活在低收入社区，就读的学校也比较差，因为他们别无选择。这些孩子的高中毕业率和大学录取率也较低，即使就读大学，获得学位的可能性也要小得多。

要消除这些阶层差距，需要社会实施诸多变革，大幅改进各种制度。如果不加以控制，不平等的经济趋势就会无法逆转。当经济和社会条件拉大阶层差距时，再想缩小这些差距就会变得越来越困难。家庭结构会影响儿童的一生，优势地位或不利地位会一代一代传递下去。的确，如果不考虑家庭结构，那么谈论不平等的因素、社会流动性面对的威胁，以及相关的政策干预，就会让人舒服得多；但这个问题就像"房间里的大象"，我们无法忽视，我们必须讨论。这本书旨在揭示日益不平等的经济环境如何导致了家庭结构上的阶层差距，以及这种差距又如何对儿童施加影响，使不平等问题长久存在，并破坏了经济的流动性。本书将把关注点聚焦于社会最基本的单元——家庭。

在过去 40 年间，与已婚父母共同生活的儿童，其比例急剧下降。这种下降主要发生在没有受过大学教育的阶层中。

2019 年，美国只有 63% 的孩子与已婚父母生活在一起，而在 1980 年这个比例是 77%。这种下降趋势在人口中的分布并不均匀。例如，如果孩子的母亲拥有四年制大学本科学历，那么其家庭结构其实没有发生很大变化——2019 年，在母亲拥有大学学历的孩子中，有 84% 与已婚父母生活在一起，这个比例自 1980 年以来仅下降了 6%。与此同时，如果母亲只拥有高中或大专学历，她们的孩子中只有 60% 会与已婚父母生活在一起，这个比例自 1980 年以来下降了 23%。

如果母亲没有完成高中学业,她们的孩子和已婚父母生活在一起的比例同样下降明显,从 1980 年的 80% 下降到了 2019 年的 57%。图 1.1 展示了这一趋势。[1]

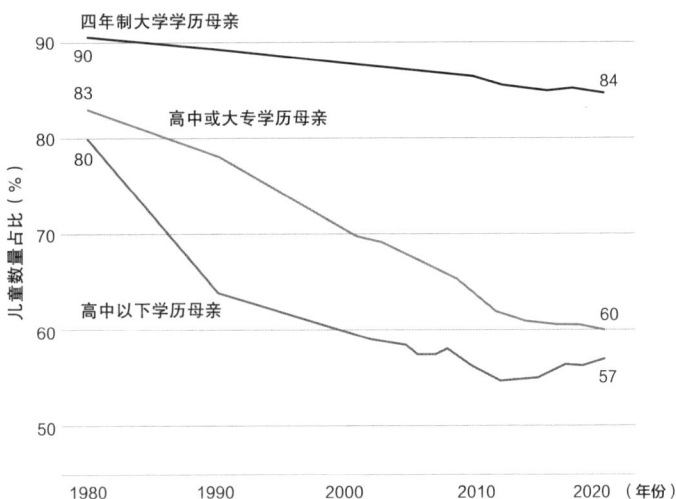

图 1.1 和已婚父母共同生活的儿童比例(按母亲受教育程度划分)

数据来源:作者根据 1980 年和 1990 年美国十年一次的人口普查数据和 2000—2019 年美国社区调查(American Community Survey)中的人口普查数据计算得出。

注:观察结果根据儿童调查权重进行了加权处理。

可能有人会说,在谈论有关儿童的话题时把婚姻放在

不结婚的社会

核心位置是过时的做法。这简直毫无益处。与40年前相比，结婚从很多方面来说都不是流行的做法了。美国人的结婚率大幅下降，其中也包括已育成年人的结婚率。但我们必须认识到，这种婚姻模式的变化影响了儿童的抚养方式。有数据清楚地表明，当下社会未婚同居的风气完全不是双亲已婚家庭减少的原因。未婚生育的孩子更多的是和单亲父母生活在一起。更重要的是，数据显示这些趋势与父母的受教育程度密切相关：当母亲只有高中学历时，孩子生活在双亲家庭中的比例为71%；而当母亲没有高中学历时，这一比例为70%。而当母亲有四年制大学学历时，孩子生活在双亲家庭中的比例要高得多，达到88%。

为什么结婚这件事对孩子的一生很重要？这是因为，相比于双亲家庭的孩子，在单亲家庭中长大的孩子处于很大的劣势之中。这并不是说，由单亲母亲抚养长大的孩子不能取得伟大的成就。他们当然可以，他们中的很多人也做到了！但有大量社会科学领域的数据表明，在单亲家庭中长大的孩子，从高中毕业、获得大学学位及成年后获得高收入的概率要低得多。此外，单亲母亲抚养的孩子，长大后继续当单亲父母的概率也高得多，这也再次体现了社会不平等现象的复杂本质。缺少双亲不仅使一些孩子更难上大学，更难过上舒适的生活，而且总体来讲，还破坏了社会的流动性，使这种不平等一代一代地传递下去。

那些造成社会不平等的力量，正在家庭层面推动上述变化的发生；同时，这些家庭结构上的变化也进一步加剧了社会的不平等。这真是一个恶性循环！举例来讲，对于美国那些没有受过高等教育或没有掌握高水平技能的人而言，想要获得经济上的保障和成功越来越难了。对受教育程度和收入水平较低的成年人而言，结婚并在双亲家庭中抚养孩子的可能性更低。这些人的孩子在成长过程中拥有的资源和机会更少，在学校的表现也不如那些在高收入的双亲家庭中长大的孩子。此外，来自弱势家庭的男孩更有可能在学校和刑事司法系统中遇到麻烦；来自弱势家庭中的女孩则更有可能年纪轻轻就成了未婚母亲。这些孩子长大后生育的孩子，也更有可能处在较低的社会地位中。我们不难发现，在这个循环中社会流动性被削弱，社会不平等代代相传。对美国来说，当务之急是在经济上打破这种循环。要做到这一点，需要从各个方面来解决这个问题。

本书通过经济学视角解读数据，是一本用数据说话的书。

本书引用了大量的数据和实证研究，并通过经济学的视角解读这些来自公共平台的统计数据。我的专长就是分析和解读数据。这本书的论点和结论都建立在坚实的数据和我的专业知识基础之上。作为一名经济学家，我接受的学术训练使我能够采用一种特定的理论框架来处理数据。这一理论框架从资源的角度，从影响因素和造成结果的因果关系角度上分析问题。在这本书中，我会把这种方法应用在处理婚姻、生育和抚养孩子等复杂问题上。

我强烈地意识到，每个数据的背后都是一个人或一个家庭，他们都有自己独特的故事和经历。尽管经济学很擅长描述总体趋势和确定趋势背后的因果关系（这也是本书要做的两件事），但它在处理个体情况时，比如处理人们实际生活中复杂和微妙的细节（不论是好是坏），可能有所不及。我在撰写这本书的时候，想起了我1994年在一个就业培训中心遇到的那些母亲们。正是那段工作经历激发了我早期的学术兴趣，这个兴趣在我成为经济学家后得到了延续，成为我职业生涯的研究重点。那是大学二年级的暑假，我在康涅狄格州布里奇波特的就业培训中心实习，帮助领取福利的母亲们接受就业培训并寻找工作。（当时，该州除了因难以克服的多重障碍而不能工作的人，大多数领取福利的人都要参加就业培训或求职活动才能保留领取福利的资格。）我在那里教授数学和计算机课程，并帮助人们撰写简历。这份工作让我有机会了解那些挣扎在贫困边缘的单身母亲们，并在机缘巧合中真正喜欢上她们。如果不是这个工作机会，我根本没有机会接触到她们。那时候我们会一起去麦当劳吃午饭，或者去附近的小店（那些小店既卖百吉饼和零食，也卖枪支）买吃的，然后在公园的长椅上一起吃饭。这些妈妈们会给我讲她们的故事，我听得很认真，和她们一起大笑、落泪。

这段经历让我强烈地意识到，人们的生活远比政策沟通时假设的情况来得更加复杂和不可预测。当时我的一位同事就是从那个中心的项目毕业的。在我的记忆中，她是一个开朗、善良、诙谐、聪明的人，总是坚韧和幽默地面对一个又一个重大挑战。尽管她有一份稳定、高薪的工作，不用担心物质生活，但她仍有一些问题无法解决。那年夏天，她最操心的就是她十几岁的儿子，那个孩子下一年就要上高中了。

不结婚的社会

她确信，在她儿子要去的那所学校里，学生只有加入某个帮派才能"生存"下来。当时我们在一起研究如何拿到奖学金去其他学校，但没有成功。她非常渴望儿子能去一所安全的高中上学，但由于她居住的社区不佳，并且个人资源有限，她感到（而且确实如此）自己陷入了绝境。

那年夏天，在我教授的班上有一个 20 岁出头的女人，她已经是两个孩子的母亲。到暑假中期时，她看起来明显是怀孕了。即使她心里真的在为多抚养一个孩子而担心，她也没有表现出来，看上去泰然自若。在那个夏天，我正好读到一篇新闻报道，说在我的家乡新泽西州正在试验一项名为"家庭资助上限"（family cap）的福利政策，即根据妇女加入福利计划时登记的孩子数量来确定该家庭每月能领取的福利上限，而登记后出生的孩子则无法享受福利。这项政策要表达的潜台词是，有的妇女会通过多生孩子的方式领取更多的福利。我最早的一些研究就是针对这项政策开展的。几年后，我在撰写麻省理工学院的博士毕业论文时，探讨了这项政策 [2]。我发现，政策制定者的预测并没有得到数据的支持；具体来说，生育率并没有因为"家庭资助上限"政策而下降。相反，它可能让实际分配到每个孩子身上的钱变少了，领取福利的家庭只能用这些钱凑合着过日子。得出这一分析结果时，我不由想到了在我班上那个怀了第三个孩子的年轻女人。我也想到了班上的其他母亲，她们试图从越来越严格、越来越不慷慨的福利政策中，为自己的孩子多争取一点。她们的生活会因为一项基于错误假设的公共政策而变得更加困难。

从我在布里奇波特工作到现在，已经超过25年。在这些年里，我开展了多项研究，考察了家庭构成的经济学、儿童福祉、社会保障安全网项目的效果，以及经济状况如何影响人们在求学、结婚及生儿育女上的决定。布里奇波特就业培训中心的暑假实习经历是我在学术生涯里跨出的第一步，它最终引领我写出了这本书，书中将详细阐述美国家庭是如何构成的，以及它如何反映并强化了经济结构及社会不平等。

我知道有些作者和专家受过专门的写作训练，他们有丰富的写作经验，可以通过深入的访谈，发掘出访谈对象深刻的个人故事，并用有力的文字表达出来。可惜我并不擅长这些。作为一名经济学家，我接受的学术训练是研究复杂的社会现象，找出简洁的、可以用数据进行验证的数学模型来诠释这些现象。我的工作是研究大量充满细节的数据，最终形成证据并对此进行诠释。在这本书中，我不会展示数学方程式或计量经济学的模型，但会分享使用这些方程和模型得出的分析结果。在经济学语境里，这就是我的"相对优势"，也是我在这本书中要做的事。

我不仅是一位经济学家，还是一位母亲。我的家庭塑造了我。

　　我有三个孩子。在这个世界上，我最喜欢的事就是当他们的母亲。但我首先要承认，为人父母并不容易，有时甚至令人难以承受。养育孩子既妙不可言又令人疲惫。很多时候（比我愿意承认的还要多），我自己都没有按照我所希望或我认为正确的方式去抚养孩子，我也觉得自己没有精力去处理那些照顾孩子时必须面对的事情。无论是做饭、清理厨房里的烂摊子、和孩子商量宵禁时间、辅导家庭作业，还是开车送一个孩子去这里、送另一个去那里，这些都让我疲于应对——更别说这些事情发生在我有很多资源可以利用，以及有一个爱我、爱孩子的伴侣的前提下。我经常想，如果我没有伴侣帮我分担抚养孩子的重担，或者没有稳定的收入让我可以按期支付账单，这一切将会变得多么困难。

　　同样令我感慨万千的，还有我的童年经历以及我的家庭向上流动的轨迹，在今天看来它们几乎是不可能的事情。我的外祖父只有小学学历，他从意大利来到埃利斯岛[*]时，只带了一箱私人物品。他在曼哈顿的下东区安顿下来，靠卖冰为生（当时冰箱还没有被发明出来），他做过各种公共事业振兴署[**]（Works Progress Administration，WPA）提供的工作，最后卖上了二手车。我的外祖母也是意大利移民，他们结婚后和她的兄弟以及五个姐妹住在一栋公寓楼里，大家一起把我母亲姐弟几人及众多的表兄妹抚养长大。我的父母在他们15岁时相识于街角的舞会，在21岁时结婚，他们在新泽西的郊区养育了四个女儿。我的父亲打过零工，当过公交车司机，在一家电气工会当过学徒，最后在我们自己家里做起了印刷生意。我的母亲在抚养我们姊妹四人的同时，还兼职做一些秘书工作。后来，她在当地一所院校报名入学，毕业后成为一名小学教师。我们姊妹几个都是靠助学金、奖学金或者学生贷款完成了大学学业。

就像我父亲最爱说的那句话一样，"只要运气好，肥猪

---

[*] 埃利斯岛（Ellis Island），也译作"爱丽丝岛"，位于美国上纽约湾，是一座人工岛。该岛曾是美国主要的移民检查站，被视为美国移民的象征。——译者注

[**] 公共事业振兴署（1935—1943年），大萧条期间美国总统罗斯福为实施新政而建立的政府机构，为非熟练工、高中或大学毕业生和事业艺术家等提供长期服务，以全面投入以工代赈计划。该机构投资的劳动密集型项目涵盖了基础设施、医院学校、植树造林、农村电气规划、城区改造及艺术活动等。——译者注

也能飞上天"。我们一家生活在美国历史上一个特别的时期，那时的人们依靠努力工作和好运气就能过上好生活。而在今天，人们已经很难看到那种中产阶层的生活方式和我们家所经历的那种跃迁了。现代经济的需求和压力使得处于收入分配上游和下游的人们所能得到的回报非常不平等，和我出身类似的人很可能体会不到以前那种向上的经济流动了。

我之所以分享这段个人经历，是因为我知道很多读者想了解我的背景，想知道我对正在讨论的话题有什么个人体验。与此同时，我的故事也说明了很重要的一点——正如我是我的家庭的产物一样，我的家庭也是经济和社会环境的产物。这一点在今天仍然适用。尽管经济环境变得极其严酷，但政府在政策方面并没有做好充分的应对准备，抚养孩子和结婚是两码事的观念已经司空见惯，成为新的社会规范。在这一背景下，在美国未受过大学教育的人口中，单亲家庭的数量不成比例地增长。这一现象既是社会不平等加剧带来的结果，也是导致社会不平等加剧的原因。如果不加以控制，这种阶层分化将一代一代地加深和延续下去。

需要强调的是，我这么说并不是想要怀念"过去的美好时光"。过去的家庭结构很"简单"，即已婚双亲由一个养家糊口的父亲和一个全职母亲组成。我自己的婚姻并没有遵循这种模式，我也不想遵循；但我完全清楚，这种模式可能适合其他人。关于不同人的婚姻会是什么样子，哪种婚姻模式（包括同性婚姻和异性婚姻）适合哪些成年人，都不是本书要讨论的话题。本书关注的是子女的抚养方式，特别是父母是否在一起抚养孩子，或者更宽泛地讲，父母是否在家中常驻照顾孩子。本书还将讨论上述问题是如何与更广泛的经济趋势和日益严重的社会不平等联系起来的，以及政策和各种措施如何塑造这些趋势及其发展轨迹——可能向好的方面改进，也可能向坏的方面退步。

这本书必须把重点放在双亲结婚的作用上。

这本书的重点是双亲结婚的作用及他们的婚姻给孩子带来的好处。在这里，双亲婚姻不是作为一种宗教或文化上的结构，而是作为一种现实和经济上的结构，帮助人们完成抚养孩子的重任。婚姻是为儿童提供高水平资源和长期稳定环境的最可靠的制度。在美国，目前还没有一种健全的、广泛适用的方案可以取代婚姻。理论上讲，未婚同居可以提供和婚姻相似的资源。但数据显示，在美国，这种伙伴关系一般而言不如婚姻稳定。（关于这些数据的另一种解释是，情侣关系本身很难维系，婚姻提供了一层额外的制度惯性以确保情侣生活在一起，相比之下未婚同居很难做到这一点。）研究和实证一遍又一遍地证实：在健全、稳定的家庭中成长起来的孩子，人生会发展得更好；而有很大一部分人并没有已婚双亲的家庭——这是因为结婚率下降，越来越多的孩子的双亲并没有选择结婚，这对孩子而言通常不是什么好事。

毫无疑问，对某些人而言婚姻是一座可怕的监狱，不过本书的论点并不是呼吁人们维持这样的婚姻。在过去40多年里，美国社会进行了一场大规模的实验，重塑了最基本的社会结构——家庭。由此产生的数据明确地向我们展示了婚姻对孩子的影响。这些数据展示出一些"令人不安"的事实：

- 双亲家庭对孩子有好处。
- 婚姻和家庭结构的阶层分化加剧了社会不平等，扩大了阶层差距。
- 在双亲家庭越多的地方，人们向上流动的比例越高。
- 不去谈论这些事实，只会适得其反。

儿童的人生轨迹也深受学校的影响。毫无疑问，要想他们的人生更好，也需要改进这些教育机构，但这不是本书讨论的主题。在这个国家，我们已经依赖学校做太多的事情了。学校的任务是传授学术知识、培养多种认知能力并教授社交技能，让孩子们能在当今苛刻的劳动力市场中脱颖而出。然而，学校的教职工们被越来越多地安排去帮助学生们解决和学术无关，或者仅有一点关系的各种需求。学校还聘请了社工和心理健康顾问、组织教师培训，努力留意学生表现出来的家庭创伤迹象。我们的学校需要获得更多这样的支持。但从现实来讲，在弥补不利的家庭条件和缩小由阶层差距带来的学生发展差距方面，学校能做的也只有这么多了。学生们带着家庭环境的影响（这些影响有好也有坏）步入校园，这种影响会从他们上学的第一天起一直持续到他们完成学业。

在这本书中，经济数据令人信服地说明了美国在为家庭和儿童提供支持保障方面的现状及其未来的发展方向。这场对话需要诚实，即使这种诚实让人难堪。鉴于这个话题的重要性，我迎难而上接受了挑战，试图把社会科学中关于家庭结构的证据，从晦涩的学术期刊上带到公众的视野和对话中。

对于这本书中描述的那些挑战，虽然我们没法给出简单的解决方案，但还是有事情可做的。一个健全、稳定的家庭环境是儿童能在这个艰难的世界中找到的最可靠的立足点。我们的社会能做些什么来确保更多的儿童在生活中能拥有这样的有利条件？答案远不是说一句"更多的父母应该结婚"这么简单。我们首先要理解，为什么那么多父母不结婚，为什么那么多父亲不愿意和孩子生活在一起？在这些趋势背后，一组重要因素是随着经济形势的变化，没有大学学位的人（尤其是男性）更难在经济上取得成功。这在很大一部分群体中造成了双亲家庭的减少。举例来说，近几十年来，制造业就业机会的减少使很多男性（包括他们生活的社区）失去了工作。而在历史上，这些工作对没有大学学历的工人来说，工资收入是相对较高的。在美国各制造业城市中，大量工厂的倒闭迫使没有受过大学教育的男性从事低收入、不稳定的工作，或者干脆退出劳动力市场。我们观察到，在这些受到上述影响的社区中，结婚率明显下降，越来越多的未婚母亲独自养育孩子，越来越多的孩子生活在贫困的家庭里。同样在这些社区，和毒品、酗酒相关的死亡率（所谓的"绝望的死亡"[3]）也在上升。

我们必须意识到，经济上的挑战已经从劳动力市场和经济领域蔓延到了家庭领域，并对儿童和社会产生了深远的影响。这一事实使我们更有必要应对这些挑战，推进各项政策和改革措施，增加所有人在经济上可获得的机会。

除了应对导致双亲家庭减少的经济挑战外，设法强化现有家庭也非常重要。这意味着我们要鼓励和支持双亲间的婚姻；同时，这也意味着在双亲不能或不想结婚的时候，应该想办法营造一个健康、稳固的家庭环境。毕竟，政策往往是在"次优"世界中制定的。如果有些父母不适合婚姻，那么我们就应该制定政策，促进建成富有成效的共同抚养机制，推动父母双方健康地参与孩子的生活。

我们还要为那些生活在不利家庭环境中的儿童做些事情，改善他们童年的经历，为他们提供更多的机会，毕竟他们并不是因为自己犯了什么过错而遭受这些经历。尽管这不是一个新问题，也不是结婚率低的地区才有的问题，但挑战依然存在——我们如何通过政府和社区的共同努力，改善这些儿童的不利地位？幸运的是，基于证据制定政策的做法取得了很大进展。数据和学术研究在不断进步，使得现在有更多的证据，可以用来判断什么样的措施和政策可以帮助这些儿童走向成功。此时，经济学家体现出了他们最大的价值——对各种政策和措施的因果关系开展严谨细致的研究。那些制定政策和措施的人，应该根据成功的证据来继续实施和扩展这些政策和措施。无论成年人的选择是什么，无论他们面临何种障碍，都不应该让儿童来承受资源不足或不稳定的家庭环境带来的后果。

作为一名社会科学家，我相信双亲家庭总体来说对孩子是有利的。同时，我们也不能忽视日益普遍的单亲家庭现象对这个国家的儿童和不平等问题的影响。因此，我们不能缴械投降，将家庭结构视为一个无法讨论的话题、一个无法得到有效解决的棘手问题。为了孩子们，我们需要通过各种方式来正面应对这一挑战。

全书梗概

本书分享了有关家庭及其经济重要性的观点，并以此为核心，探讨了解决收入不平等、社会流动性受阻等问题的政策。书中整理了大量文献观点，并援引必要数据进行论证。下面简单介绍一下各章的内容及论点。

第二至四章描述了美国儿童所处家庭结构的变化，解释了为什么这些变化需要引起重视，以及其背后的成因。在第二章中，我展示了家庭结构的差异如何加剧了人们在收入上的不平等。在第三章中，我解释了为什么双亲婚姻对孩子的经济状况和人生轨迹有重大影响。我把婚姻描述成一种两个人之间的长期契约，达成契约的目的是整合资源、分担责任、共同维持家庭并抚养子女。这一章我引入了理论和数据来论证资源丰富的环境会给孩子带来好的未来。不过，人们从婚姻中能获得什么资源，主要取决于双方能提供什么。如果婚姻制度的衰落是因为可靠的、能够提供经济支持的男性越来越少了，那么说明这个问题至少部分源自经济挑战。在第四章中，我讨论了这一问题，讲述了未受过大学教育的男性在经济上的挣扎和他们结婚率下降之间的联系。

接下来的两章更直接地关注抚养孩子的问题。在第五章中，我阐述了抚养孩子的关键投入，具体而言就是在孩子身上的开销、与孩子在一起的时间及对孩子的感情投入；列举了在资源丰富和匮乏的父母之间，特别是在父母受教育程度和婚姻状况不同的家庭之间，上述投入情况的差异。由于单亲母亲家庭往往资源匮乏，在这种环境下长大的孩子从家长身上得到的投入往往较少。在这一章，我对观察到的模式提出了各种可能的解释，并得出了对抚养孩子方面的阶层差距最合理的解释：抚养子女的资源涉及双亲的收入情况及双亲间的关系（婚姻或同居），收入更多、受教育程度更高的已婚双亲更愿意在孩子身上花钱，投入更多的时间和情感。在第六章中，我罗列了有关证据并展开讨论，指出男孩对父母的投入更敏感。由单亲母亲组成的家庭环境对男孩的成长更为不利。这一发现与另一个更为广泛的事实相符——男孩和年轻男性看上去似乎不如女孩或年轻女性优秀。例如，他们比女孩似乎更难获得大学学位。一个男孩的生活越艰辛，他在竞争中落后得越多，成年后就越难成为能够提供可靠经济支持的丈夫或父亲。这是一个恶性循环。

第七章讨论了生育率，这是对第四章内容的补充。我在这一章中指出，尽管总体生育率在下降，但单亲母亲家庭的数量仍然在增加；尤其是在青少年和青年女性中，她们的非婚生育率通常更高。在其他条件相同的情况下，生育率降低意味着孩子的环境理应比过去更好。然而，在过去40年里，非婚生育的人群比例稳步上升，而这就是问题所在。与单亲一同生活的子女比例的上升，反映了结婚率的下降，而不是生育模式的改变。

在最后一章，也就是在第八章中，我把所有内容联系在一起，并就如何应对书中描述的挑战、改善美国儿童的家庭环境，提出了我的建议。

***

美国走到了一个社会与经济发展的十字路口。今天，全球化大潮使人们想在经济上取得成功变得越来越难，与此同时，还有数百万儿童生活在弱势家庭中。如果我们不采取有针对性的措施，帮助单亲家庭中的孩子摆脱不利地位，解决家庭结构上的阶层差距，那么数百万儿童将无法发展他们的潜能，阶层差距会进一步扩大，社会流动性会遭到侵蚀，美国社会的凝聚力也会进一步受到破坏。对受到影响的儿童和这个国家而言，这样的结果都是一种讽刺。只有面对现实，承认家庭生活的重要性，承认家庭结构的差异是阶层差距扩大的关键因素，我们才能有的放矢地改善儿童的生活状况，解决受教育程度更高、收入更高家庭的孩子，和受教育程度较低、收入较低家庭的孩子之间巨大且日益严重的不平等问题。

第二章

只有母亲的家庭

今天的家庭看起来和几十年前，甚至更早时代的家庭都不同。如今的家庭结构种类繁多，形式多样。我们可以用很多方法对它们进行分类和描述：单亲或双亲；已婚或未婚同居；同性双亲或异性双亲；亲生或领养；一代单传或多代同堂……你可以一直这么列举下去。我常常想起列夫·托尔斯泰的著作《安娜·卡列尼娜》中的开篇语："幸福的家庭家家相似，不幸的家庭各各不同。" 这句话令我深有感触。但是在现实中，每个家庭——不管幸福还是不幸，成员是少还是多，结婚还是未婚——都有自己的经营方式。

以我为例，我和丈夫一起养育孩子，用的是我们自己的方式。我们的方式和其他人的不太一样，当然也和我们的父母不一样，甚至和那些像我们一样已婚、养育三个孩子、夫妻双方全职工作的夫妇也不一样。每一对已婚夫妇都以自己的方式分担着养育孩子的责任、快乐和压力——谁能带来多少收入，谁会做哪些家务，谁开车送孩子上学，谁哄孩子睡觉，谁主要负责执行纪律，谁主要陪孩子们玩耍，谁主要负责做饭等。那些不结婚的父母也是如此。单身母亲或许从来没有和孩子的父亲建立过这种重要的关系，可能从一开始她就是靠自己或在亲戚朋友的帮助下承担这些事。她可能会独自去做产检，独自研究如何安装婴儿座椅，独自带着孩子在开学第一天去学校，可能最后还要亲自指导孩子开车。有些父母，可能在抚养孩子的全部或大部分时间中保持婚姻关系，积极地（或者勉强地）共同抚养孩子，只是后来离婚分居了。也有一些父母，他们从来没有生活在一起，两人之间从来没有稳定的关系，但也承诺共同抚养孩子……实际上，这些情况千差万别，不胜枚举。

我们很难根据几个变量对家庭完成分类，并就某一种家庭结构的优劣得出一般性的结论。然而，这正是我在这本书中想要使用的方法。但在充分认识到这一方法的局限性之后，我将会采用几个特殊的变量来描述美国儿童所在家庭的结构变化，并设法得出一般性的结论，说明这些变化会对孩子的生活造成什么影响。

相信大多数美国人都隐约地感觉到，如今双亲家庭不再像以前那样普遍。在此，我想用一些事实来澄清几种看法。首先，人们对这一普遍趋势抱有的可能看法是：结婚率之所以下降，是因为结婚不再是父母双方唯一的选择，他们也可以选择在一种彼此承诺的关系中生活。不过，现实情况往往并不是这样。今天，大多数未婚双亲的关系，并不是除了没有名分外其他都和婚姻没有区别。事实上，他们的孩子更有可能只和母亲在一起生活，而不是和父母双方。近几十年来，越来越多的孩子在只有母亲的家庭中长大。

另一种同样错误的看法认为，单身母亲趋势是由经济上成功的女性推动的——这些女性自己赚了很多钱，因此不需要配偶的帮助。事实上，没有受过大学教育也没有高收入的女性才是单身母亲群体的主体。不可否认，有些单身母亲和她们的家庭的确拥有稳定的经济水平和丰富的资源。但从总体上看，如果母亲只能独自抚养孩子，家中缺少第二位家长的帮助，她们恐怕只会面临许多困难。这些困难有的显而易见，比如既要在经济上维持家庭生计，又要承担照料孩子的工作；还有的困难并不明显，比如感到疲倦或生病时无人分担家务，或者在孩子睡觉后无人排忧倾诉。

在单亲家庭抚养孩子会更辛苦，这似乎是显而易见的（总体来看也是正确的）事实；不过，要从经济角度来解读这一趋势就比较复杂了。美国父母（或者笼统地说美国成年人）结婚率下降的趋势，在没有四年制大学学历的群体中表现最为明显。同时，这一群体也在当前的经济变化中处于不利地位。这么看来，很多不结婚的父母都是经济困难又没有大学学历的人。更确切地说，是经济保障被削弱的群体扩大带来的单亲家庭（从统计数据上看，这些家庭几乎都是单亲母亲家庭）数量的不断增长。总体来说，单亲家庭往往是处于弱势经济地位的家庭。

近几十年来，受过大学教育的成年人收入不断增加，这些人往往在自己的圈子里觅得合适的伴侣，然后步入婚姻；他们的孩子享受着两位受过大学教育的父母所倾注的大量资源。与此同时，那些没上过大学的人，其收入则停滞不前；不光如此，他们还发现，与过去的几代人相比，结婚给自己带来的价值越来越少。因此他们更有可能选择独自组建家庭，他们的孩子也更有可能生活在单亲家庭中。在那些生活在单亲母亲家庭的孩子中，母亲只有高中学历的人数是母亲有大学学历人数的两倍多。由此，在儿童所处的家庭结构中出现了"学历差距"。

分析理解美国家庭结构的差异，并不是一项简单的统计工作。今天，可供研究人员使用的人口统计学数据非常多。研究人员关注的课题不同，使用的数据来源也往往不一样，对这些数据进行过滤、排序和比较非常有挑战性。如果想跟踪一段时间内的结果，难度就更大了；因为在这种情况下，数据集和数据定义会随着全球局势及其作用的变化而变化。

我在研究过去几十年间美国儿童的家庭情况时，选用的基本上是能反映全国情况的数据集，其中包括了数千个（有时是数百万个）美国家庭的信息，并且使用了这些现有数据中几种已经成型的观察模式。在这些模式中，一个是根据不同教育水平、种族和民族的母亲的情况，来观察儿童家庭结构发生的变化；另一个是观察婚姻在多大程度上被其他生活形式所取代，包括离婚及非婚生育在这一趋势中所起的作用。针对以上每个主题我都整合了大量的数据，力求丰富而全面地统计并描述美国儿童的家庭结构。

以下是这些数据呈现给我们的一些关键事实：

- 如今，美国有超过五分之一的儿童和单亲母亲一起生活，这些母亲既没有结婚，也没有和伴侣同居。在这些家庭中，大部分没有第二个成年人来充当双亲角色，比如祖父母或其他亲属。

- 在过去 40 年里，家庭结构出现了"学历差距"。如今，在母亲有大学学历的孩子中，有 12% 与单身母亲共同生活。如果是母亲没有大学学历的孩子，他们中高达 29% 的人家里没有第二个成年人来充当双亲角色；如果母亲没有高中学历，这一比例则是 30%。

- 上一条描述的"学历差距"普遍存在于白人家庭、黑人家庭和拉美裔家庭中。但亚裔家庭是例外，在

各个教育水平的群体中，亚裔子女拥有双亲家庭的
占比都很高。

- 单亲母亲家庭的数量之所以增加，不是因为离婚率
  的上升或未婚同居夫妇数量的增加，而是因为完全
  不结婚的未婚单身母亲的数量在不断增加。

- 与世界各地的儿童相比，美国儿童生活在单亲母亲
  家庭的情况更普遍。

- 近几十年来，家庭结构中越来越显著的"学历差距"
  加剧了收入不平等，其所导致的家庭收入不平等，
  比劳动力市场变化带来的家庭收入不平等更严重。

如今，美国有超过五分之一的
儿童生活在单亲母亲家庭中。

图 2.1 展示了 1980—2019 年间生活在不同家庭环境中
的儿童人数比例的变化趋势。如图所示，与已婚父母同住的
儿童比例大幅下降。如今，只有 63% 的美国儿童和已婚父
母生活在一起，而该比例在 1980 年为 77%。

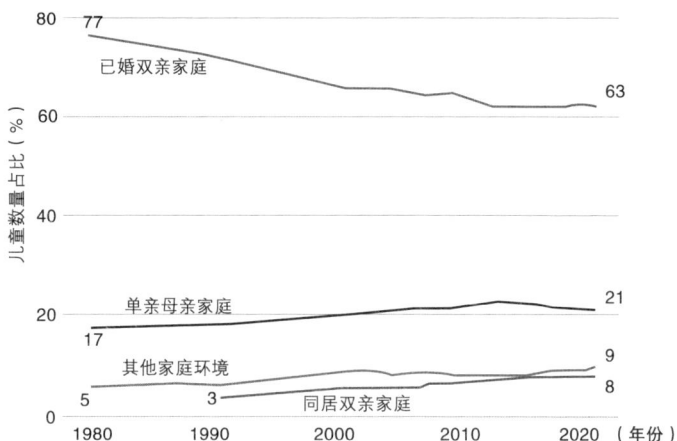

图 2.1 儿童生活在已婚双亲、单亲母亲、同居双亲，
或者其他家庭环境中的占比情况

数据来源：作者根据 1980 年和 1990 年美国十年一次的人口普查数据，以及
2000—2019 年美国社区调查中的人口普查数据计算并绘制了以上图表。
注：观察结果根据儿童调查的权重进行了加权处理。在 1980 年的人口普查数据中，
同居母亲被一并登记为单亲母亲。

　　这些关于儿童生活环境的统计数据是从哪里来的？它们
来自两次美国人口大普查（1980 年和 1990 年）提供给公众使
用的样本数据，以及 2000—2019 年美国社区调查（American
Community Survey，ACS）中的人口普查统计数据——这是美
国联邦政府开展的最大规模的家庭情况调查。这些样本中记
录了 1780 万名儿童和 970 万名母亲的情况。同时，该普查

还为公众使用的样本数据提供了统计权重，这样一来，研究人员在将这些数据制成表格时，就可以保证它们在应用于国家层面的问题上同样准确、有解释力。美国人口调查局（US Census Bureau）按照《美利坚合众国宪法》的规定，每十年在全美范围内进行一次人口普查，用以确定居住在美国的人口数量；而美国社区调查始于 2000 年，每年进行一次。不论是十年一次的人口普查还是每年一次的社区调查，都涉及了家庭层面的数据。这两个调查会收集以下数据：家中成员的基本人口数据（包括年龄、种族、性别、婚姻状况以及与户主的关系），家庭中成年人的经济数据（包括工作状况、职业、所在行业和收入），以及其他的个人信息（包括移民情况、残疾状态和是否为退伍军人）。这两个调查都获取了最全面的数据，通过它们可以了解美国人都在哪里生活，以及和谁一起生活。

这些数据告诉我们，大多数没有和已婚父母生活在一起的儿童，都生活在单亲家庭中，而且几乎都生活在由单亲母亲支撑的家庭中。总体来讲，21% 的美国儿童与单亲母亲一同生活，他们的母亲从未结婚，也未和伴侣同居。相比之下，只有 8% 的儿童生活在未婚父母或者父母一方与未婚伴侣同居的家庭中。另外，有 4.8% 的儿童生活在单亲父亲家庭中，

4.3% 的儿童生活在非双亲家庭中。[1]

为了更准确地了解儿童和在家中抚养他们的成人之间的关系，我们必须查阅美国人口调查局进行的另一项全国范围的调查——"收入和政府项目参与情况调查"（Survey of Income and Program Participation，SIPP）。这是一项纵向调查，需要长期跟踪调查对象（时间跨度通常为几年），收集有关家庭构成、收入、就业、参与政府项目（比如福利计划）的动态等综合信息。我们要参考的是 2018 年的收入和政府项目参与情况调查，这次调查收集了超过 1.4 万名儿童的数据。从该调查提供的数据中我们可以看到，在和已婚成人一起生活的儿童中，有近 90% 是与亲生父母生活在一起的。在与未婚成人、同居成人一起生活的儿童中，有 50%—75% 的儿童与亲生父母生活在一起。换句话说，与未婚亲生父母生活在一起的儿童数量比例，比我们想象中的要小。

在这本书中，我想要论述的中心论点是，结婚率的下降加剧了美国社会的不平等。当我告诉朋友们这一观点时，他们经常反驳说，美国的父母只是采纳了一种"更欧洲化的生活方式"，也就是在彼此承诺的同居伙伴关系中抚养孩子，除了没有婚约，这一关系和婚姻并无不同。然而，事实并非如此。在美国，不仅未婚同居的双亲比例相当低，而且美国的同居关系也比其他国家的更脆弱。[2] 和西欧的同居伴侣情况相比，美国成年人的同居关系往往更不稳定，关系的维持时间也更短。与其他西方国家的儿童相比，美国儿童在 15 岁之前可能已经和 2—3 对同居双亲生活过了。[3]

请大家不要误解这些统计数据，它们并不是在暗示美国父母不想给孩子最好的生活。我愿意相信，世界各地（包括美国）的父母都是抱着最美好的愿望生下孩子的。然而，同样正确的是，这些美好的愿望和周密的计划在现实中有局限性，在面临养育子女和处理家庭关系的挑战时更是如此。这些数据告诉了我们一件事——婚姻作为一种制度，似乎为应对这些挑战提供了制度上的支持。

1998 年，普林斯顿大学著名社会学家萨拉·麦克拉纳汉（Sara McLanahan）和同事们发起了一项名为"脆弱家庭与儿童福祉研究"（Fragile Families and Child Wellbeing Study，FFCWS）的项目，它可以说是迄今为止针对未婚父母开展的最广泛、最有影响力的研究。（我在大学本科阶段上过麦克拉纳汉的"贫困社会学"课程，她在这个课题上表现出的学识和客观性启发并影响了我的研究和思考，也影响了这个领域里的其他很多学者。[4]）这项创新性的研究收集了美国 20 个大城市约 5000 名母亲和儿童的数据，涵盖了抚养孩子的过程中一系列重要的时间节点——刚生完孩子的时候，生完孩子后仍在住院的时候，以及在此后的 20 多年里，每隔一段时间就设立了一个节点。在这项研究的样本中，大约有四分之三的父母在孩子刚出生时是未婚的。大多数未婚父母在孩子刚出生时接受采访表示，自己对未来的亲密关系很乐观——74% 的未婚母亲和 90% 的未婚父亲认为，他们相信自己有 50% 以上的可能性与另一方结婚。[5] 但在孩子五岁生日的时候，这些未婚父母中只有三分之一仍然在一起生活。此外，更换伴侣并生下更多孩子的情况非常普遍，这致使家庭环境高度复杂、动荡不安。有三分之一的父亲几乎从孩子的生活中消失了。[6] 需要注意的是，虽然一些单亲母亲家庭中还有其他成年人，比如孩子的外祖父母或姨妈，但大多数家庭并不是这样——在单亲母亲家庭中，有 67% 的儿童只和母亲一起生活。其余的单亲母亲家庭中如有其他成年人一起生活，他们通常是母亲一方的家庭成员。单亲母亲家庭中的孩子，有五分之一和外祖父母同住；约 3% 和姨妈或舅舅一起生活（在没有外祖父母的情况下）；还有 8% 的家里有其他成年人。[7] 当然，我们不能因此假设，这样的家庭组合相当于为单亲母亲和孩子提供了第二位类似父亲角色的资源；因为在许多情况下，很可能单亲母亲还要照顾家里的其他成年人。这再一次说明，家庭情况是复杂的，这些粗略的描述并不完整。

母亲的受教育水平不同，家庭结构的差异会很大。

过去 40 年里，在母亲受过大学教育的儿童中，与已婚父母共同生活的占比没有太大变化。在 1980 年，这些儿童中有 90% 和已婚父母生活在一起；到 2019 年，这一数字仍保持在 84% 的高位。相比之下，母亲拥有高中或大专学历（非四年制大学学历）的儿童，在 2019 年时只有 60% 与已婚父母生活在一起；相比于 1980 年的 83%，这个比例下滑显著。需要注意的是，这一中等教育水平群体在今天的儿童母亲中占比是最大的，因此他们的情况对美国的整体趋势影响很大。在母亲学历低于高中水平的孩子中，与已婚父母共同生活的占比也同样出现下降，从 1980 年的 80% 降到了 60% 以下。

对美国这样的国家来讲，人口趋势可能因为地区或城乡的差别而呈现出不同的面貌，但在我们讨论的主题上这样的情况并没有出现，这一比例在全美都表现出了下降的趋势。

1980 年，在美国四个主要地区（南部、西部、东北部和中西部），母亲没受过大学教育的孩子，与已婚父母同住的比例约为 80%。现在，这一比例在西部地区略高，为 65%；在其他三个地区，则为 60%，或者略低于 60%。不论是在城市还是在乡村地区，该比例都在 60% 附近。

由此可见，如果母亲没有上过大学，或者没有获得大学学位，她们的孩子更有可能生活在单亲家庭环境中。在 20 世纪 80 年代，这些儿童的人数比例相对稳定，在其后的 1990—2010 年间，这一比例增幅过半（总比例上升超过 10%）。在 2010 年以后，该比例总体保持平稳，或许已经趋于稳定。而在母亲未能完成高中学业的孩子中，这一比例发生了明显的跳跃式激增—— 在 20 世纪 80 年代，这些孩子的占比增幅近半，从 20% 上升到了 30%；自那以后，该比例基本保持平稳。与此同时，在母亲受过大学教育的子女中，这一比例并没有出现同样的增长；在 40 年间，这些孩子的占比一直在 10%—12% 间徘徊。图 2.2 显示了上述趋势。

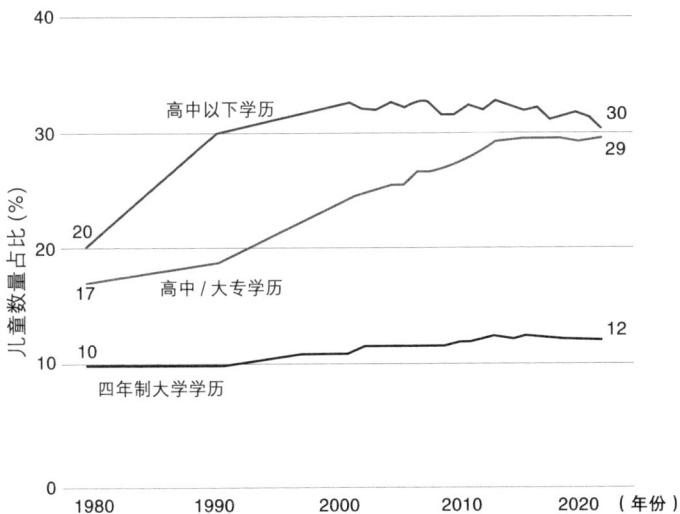

图 2.2　在单亲母亲家庭中生活的儿童数量占比情况
（按母亲受教育程度划分）

数据来源：作者根据 1980 年和 1990 年美国十年一次的人口普查数据和 2000—
2019 年美国社区调查中的人口普查数据计算得出。
注：观察结果根据儿童调查权重进行了加权处理。

种族和民族不同，以及母亲在其种族和民族群体中所受教育水平不同，儿童所处的家庭结构也会不同。

长期以来，美国不同种族和民族的儿童家庭结构一直有差异，而这些差异至今依然存在。与此同时，各种族和民族内部的家庭结构也出现了"学历差距"。本书采用的经济数据针对美国四个主要的种族和民族群体，即非拉美裔白人、非拉美裔黑人、非拉美裔亚裔人以及拉美裔人。为了简单起见，我在书中把这些群体分别简称为白人、黑人、亚裔人和拉美裔人。除非另有说明，否则我们假设这四个群体是相互独立的（也就是说，白人、黑人和亚裔人都不是拉美裔人）。在当今美国的儿童中，大约55%是白人，13%是黑人，6%是亚裔人，23%是拉美裔人。遗憾的是，这种区分忽略了其他种族和民族群体（包括美洲原住民和太平洋岛民，以及其他属于多种族或多民族的群体）。这是因为在我研究关注的过去40年的数据中，他们的人口占比太低，无法获得可靠的统计数据，所以我无法提供这些群体中的儿童在全国范围

不结婚的社会

内家庭环境变化的趋势。

与拉美裔和黑人儿童相比，白人和亚裔儿童与已婚父母生活在一起的可能性明显更高。2019 年，77% 的白人儿童和 88% 的亚裔儿童生活在已婚双亲家庭中；而拉美裔儿童的这一比例为 62%，黑人儿童只有 38%。这一比例创造了历史新低，反映了过去 40 年来双亲家庭比例持续下降的趋势。在这本书中，尽管我主要关注的是 1980 年后儿童家庭结构的变化，[8] 但实际上，在 20 世纪末之前美国的家庭结构就已经出现了相当大的种族差距，只不过这种差距在 20 世纪 60 年代和 70 年代又进一步扩大了。

尽管不同种族和民族的家庭中本就存在"学历差距"，但这些群体的结婚率差别使得"学历差距"变得更加突出了。在白人儿童中，若母亲受过大学教育，则子女与已婚父母共同生活的数量占比为 88%；而母亲只有高中学历及没有高中学历的子女，这一比例分别为 69% 和 60%。在拉美裔儿童中，上述占比分别为 76%、59%、59%。在黑人儿童中，若母亲受过大学教育，则子女与已婚父母共同生活的可能性为 60%，比母亲没受过大学教育的子女高出一倍，后者仅为 30%。在亚裔家庭中，尽管也存在"学历差距"，但各种教育背景群体占比的差距相对较小，分别是 92%、79% 和 83%。对于这四个种族和民族群体来讲，2019 年的"学历差距"比 1980年要明显得多。这一差别可以从图 2.3 的上下两张图的比较中看出来。

不结婚的社会

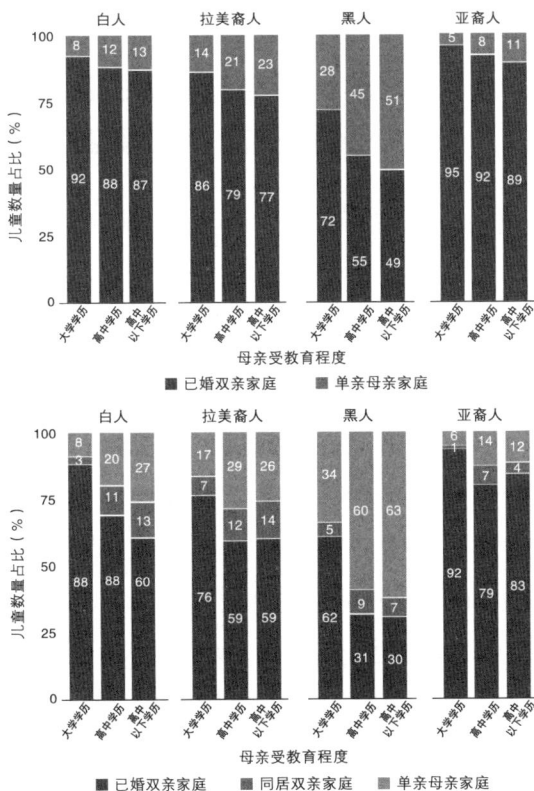

图 2.3 1980 年及 2019 年儿童家庭结构情况
（按照母亲的种族和受教育程度划分）

数据来源：作者根据 2019 年美国社区调查中的人口普查数据计算得出。

注：在上面的图中，所有 0—18 岁和母亲共同生活的儿童的数据根据儿童调查权重进行了加权处理。在 1980 年的人口普查中，没有同居双亲的数据。上图为 1980 年数据图，下图为 2019 年数据图。

这些趋势是非婚生育人数增加而造成的；离婚对其作用较小。

在过去 40 年里，与单亲母亲共同生活的儿童占比越来越大。这种情况是这一时期非婚生育人数急剧增加造成的。与前几代人相比，如今的美国成年人更有可能在不结婚的情况下生育并抚养孩子。1960 年，美国有 5% 的婴儿是由未婚母亲生育的；1980 年，这一数字攀升到 18%，并且在继续增加。[9] 到了 2019 年，未婚母亲生育的婴儿数量竟然几乎占了新生婴儿总数的一半。非婚生儿童比例的急剧增加，造成了与已婚父母同住儿童的比例下降。

今天的单身母亲更有可能是未婚，而不是结过婚又离婚。这一情况与几十年前完全不同，当时的情况正好相反。1980 年，单身母亲结过婚（通常是和孩子的父亲结婚）的情况更为普遍——64% 是离异，只有 22% 是未婚。在过去的 40 年里，这种情况发生了变化。如今，更多的单身母亲从未结过婚。2019 年，在所有单身母亲中，未婚占 52%，离异占 39%。［其余的是已婚但不与配偶同住（6%），或者是丧偶（3%）。］

不同的单身母亲之间，还存在着次一级的"学历差距"。

有大学学历的单身母亲更有可能是离异或者配偶不在身边的状态，而非未婚；但没有大学学历的单身母亲就不是这样了。2019 年，在受过大学教育的单身母亲中，有 32% 未婚；与 1980 年的 10% 相比，这一比例大幅上升。尽管如此，如图 2.4 所示，这一比例仍远低于其他两个学历群体——拥有高中学历的单身母亲中，未婚占 57%；没有高中学历的单身母亲中，未婚占 59%。

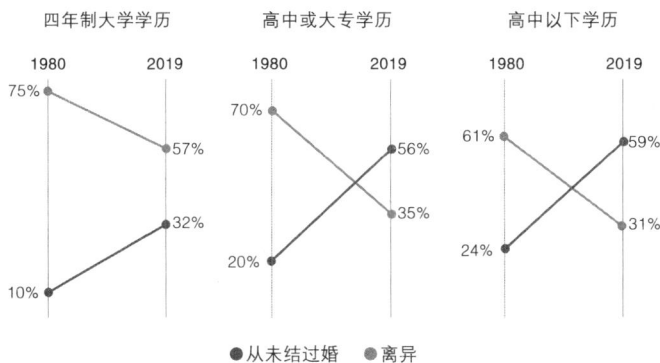

图 2.4　1980—2019 年期间，单身母亲婚姻状况的变化
（按母亲受教育程度划分）

数据来源：作者根据 1980 年美国十年一次的人口普查数据和 2019 年美国社区调查中的人口普查数据计算得出。

注：对每个单身母亲，不考虑其子女数量，只采样一次。观察结果根据母亲个人的调查权重进行了加权处理。

在不同种族和民族的单身母亲之间，婚姻状况同样存在相当大的差距。黑人和拉美裔的单身母亲从未结过婚的可能性更大，分别占该种族单身母亲总数的 70% 和 54%，而在白人和亚裔单身母亲中，这一比例分别为 38% 和 32%。此外，在同一个种族和民族群体中，单身母亲的婚姻状况也存在"学历差距"。总体而言，在这四个种族和民族群体中，拥有大学学历的单身母亲比起没有受过大学教育的，更有可能拥有过婚姻。

这些差距重要吗？从未结过婚和结过婚的人在实际生活中有区别吗？在单身母亲中，特别是在没有大学学历的单身母亲中，未婚比例很高。这既会造成儿童生活环境的变化，也会影响儿童成长获得的资源。首先，父母曾经结过婚，孩子更有可能在童年的某一时期享受父母双全的时光及他们带来的资源。其次，与出生时父母未婚的孩子相比，父母曾结过婚的孩子更有可能与父亲保持密切的关系。[10] 再次，如果母亲离异，那么她所在的家庭更有可能获得孩子的抚养费。2018 年的收入和政府项目参与情况调查显示，离异的单亲母亲家庭获得抚养费的比例是 40%，而未婚的单亲母亲家庭，获得抚养费的比例是 19%。这一情况适用于所有教育水平的单身母亲。[11]

关于子女抚养费问题，我需要做个旁注说明：不论是离异的还是未婚的单身母亲，收到子女抚养费的比例都远低于100%。人们普遍认识到，在家庭政策领域，对子女抚养费的分配和执行远非完美。2016年，美国人口调查局就这一问题进行了一项特别的数据收集工作。结果显示，大约50%有监护权的父母在上一年签订了合法的或非正式的子女抚养协议。在这些人中，有70%收到了部分款项；只有44%的人收到了全部款项。美国人口调查局报告称，2015年有监护权父母的子女抚养费欠收额高达337亿美元；这些人只收到了应有金额的60%，每位监护人平均每年收到的子女抚养费仅为3447美元。[12]

其他国家的情况如何？

与其他国家的儿童相比，美国儿童只与父母其中一方共同生活的情况更普遍。皮尤研究中心（Pew Research Center）于2019年发布了一项研究报告，给出了130个国家和地区的儿童与单亲（而且没有其他的成年人）生活的数量占比情况。皮尤研究中心在研究中采用了一套研究方法，让各个国家之间的数据互相可以比较。据估计，在18岁以下的美国儿童中，23%和单亲（且家庭中没有其他成年人）生活在一起，这是世界其他地区平均值（7%）的3倍。在加拿大，这一比例为15%；在墨西哥则是7%。在亚洲国家，生活在单亲家庭中的儿童比例特别低。这也提供了一种文化层面上的明确证据，可用于解释为什么美国的亚裔儿童生活在单亲家庭中的比例特别低。

除了比较各国单亲家庭儿童的占比情况外，还有一种比较也很有意思，那就是观察其他国家（特别是那些高收入的、和美国教育水平差不多的国家）是否也存在因教育水平差异而导致的家庭结构差异。在研究这个问题时，我们使用的数据来源中有一个是经济合作与发展组织（OECD，简称"经合组织"）国家中儿童生活环境的数据集。经合组织由38个国家组成，包括美国、加拿大、英国、澳大利亚以及欧洲和美洲的许多国家，它们都是以市场经济为基础的国家。这些国家的情况和美国一样，如果母亲受过高等教育，她们的孩子就更有可能和已婚父母生活在一起。在经合组织的数据集中，母亲的受教育水平分为高、中、低三档。在欧盟国家，平均而言，如果母亲受教育水平为高，则孩子中79%生活在已婚双亲家庭中；而在母亲属于中等教育水平的群体中，这一比例是70%；在低等教育水平的群体中，这一比例是 62%。生活在同居双亲家庭中的儿童比例梯度与此相反。母亲受教育程度越高，孩子生活在同居家庭中的比例就越低。这一比例在三个受教育水平群体中分别为 11%、14% 和 18%。和美国的情况一样，在欧洲，母亲受过大学教育的孩子与单亲母亲一起生活的可能性最低，为 10%；另外两个群体的比例分别为 16% 和 20%。有两点需要读者注意：其一是美国单亲母亲家庭的比例相对较高；其二是在高收入国家，按教育水平体现出的比例梯度都差不多。这两件事可以告诉我们，造成美国家庭这种发展趋势的原因是什么，不是什么。我下面会展开说明这一点。

　　我们可以借助卢森堡收入研究（Luxembourg Income Study）中的数据集来进一步了解全球范围内单亲母亲家庭的比例，以及这个比例自 20 世纪 80 年代以来的变化。这个数据集涵盖了 50 多个国家全国性的家庭数据。[13] 数据显示，在 20 世纪 80 年代末，对应受教育程度高、中、低三个群体，美国单亲母亲家庭的比例分别为 13%、19% 和 30%。这些比例在 2011—2015 年间升高并拉开了差距，对应受教育程度高、中、低三个群体，这一比例分别为 16%、31% 和 32%。20 世纪 80 年代末，英国各群体中单亲母亲家庭的比例都较低—— 对应受教育程度高、中、低三个群体，单亲母亲家庭的比例分别为 10%、16% 和 14%。而在 2011—2015 年间，这些比例升高并拉开了差距，分别为 12%、28% 和 34%。换句话说，除了受教育程度高的女性外，其他女性群体中单亲母亲家庭的比例都有大幅度上升。在其他国家也可以观察到类似的模式，比如挪威、西班牙和法国。

这些国家间的数据比较本来就很有意思。而且更进一步，我们从中还可以分析出美国双亲家庭数量减少的原因。一些观察者认为，美国单亲母亲家庭数量的增加是由于美国的政策造成的，比如社会福利等社会保障安全网项目造成了单亲家庭的增加。但是，如果把美国的数据和其他国家的数据进行比较就会发现，这种观点是错误的。比起诸如法国和瑞典这种社会保障计划更慷慨的国家，美国单亲母亲家庭的比例更高。此外，如果将各国的家庭结构情况按照教育水平（教育程度最高的群体结婚率最高）划分梯度，会发现美国并不是唯一的单亲母亲家庭的比例差距明显的国家。受教育程度较高和较低的家庭结构之间的差异可能反映出，这些高收入国家也经历过和美国类似的经济和社会变化。例如，劳动力市场的变化使受教育程度较低的劳动者处于不利地位，并破坏了未受过大学教育的成年人（尤其是男性）在经济上的保障。我将在第四章详细阐述这一点。

家庭结构上不断扩大的阶层差距加剧了收入不平等。

在过去40年里，受过大学教育的劳动者的收入持续增加。这部分群体多数仍会选择结婚，并在已婚双亲家庭中抚养自己的子女。与此同时，中等教育水平的劳动者的收入或是停滞不前，或是只有小幅增加，他们越来越倾向于在不与另一个成年人共同生活的情况下组成单亲家庭。劳动力市场上的这一趋势（收入差别）和人口统计上的趋势（家庭结构上的差别）结合在一起，加剧了家庭之间的不平等，比收入不平等单独造成的后果更严重。

图2.5显示了1980—2019年有子女家庭收入中位数的变化情况（按母亲受教育水平和家庭结构划分）。图2.5的上图是双亲家庭收入中位数的变化。在这类家庭中，如果母亲受过大学教育，那么家庭收入中位数在此期间增长了59%。相比之下，如果母亲只有高中学历，那么家庭收入中位数只增长了8%；如果母亲是高中以下学历，收入反而减少了14%。在家庭结构保持不变的情况下，这些差异反映了收入不平等在扩大。这一现象已经受到公共政策和媒体的广泛关注。

图 2.5 的中图是单亲母亲家庭收入中位数的变化。在这类家庭中，如果母亲受过大学教育，那么家庭收入中位数在此期间增长了 60%，和双亲家庭中同一类受教育水平家庭的增幅类似。这一发现反映了这样一个事实，即所有受过大学教育的劳动者（包括女性）的收入都有大幅的增加。对于拥有高中学历的单亲母亲来说，家庭收入只增长了 19%。对于拥有高中以下学历的单亲母亲来说，家庭收入增长了 24%，从 17797 美元增加到 22000 美元。这一增长反映了单亲母亲就业率的上升。这是福利改革、劳动所得税抵免（Earned Income Tax Credit）政策范围扩大及 20 世纪 90 年代强劲的劳动力市场带来的。然而，这一教育水平群体的收入远低于受过大学教育的母亲们，近年来更是如此，这再次反映出，有无大学学历的母亲之间的收入差距正在扩大。

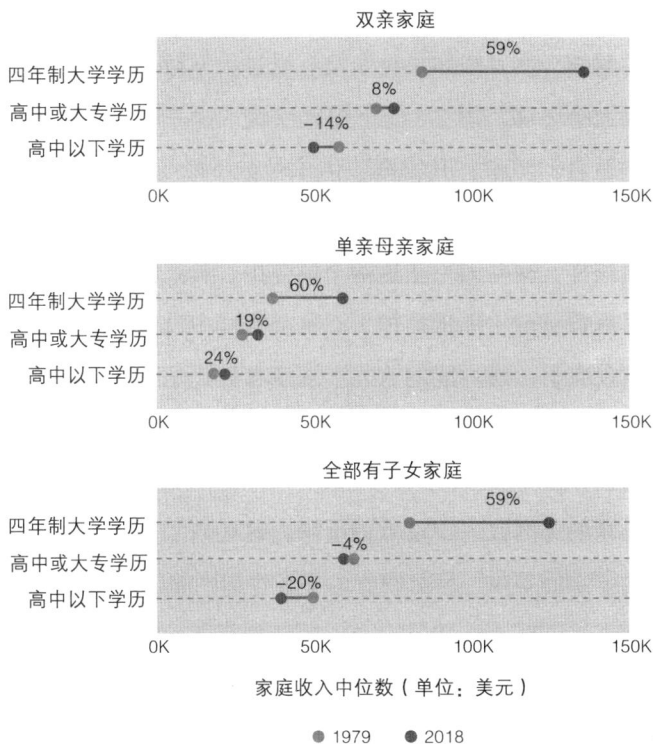

双亲家庭

四年制大学学历	59%
高中或大专学历	8%
高中以下学历	−14%

0K　50K　100K　150K

单亲母亲家庭

四年制大学学历	60%
高中或大专学历	19%
高中以下学历	24%

0K　50K　100K　150K

全部有子女家庭

四年制大学学历	59%
高中或大专学历	−4%
高中以下学历	−20%

0K　50K　100K　150K

家庭收入中位数（单位：美元）

● 1979　● 2018

图 2.5　1980—2019 年，有子女家庭收入中位数的变化
（按母亲受教育水平和家庭结构划分）

数据来源：作者根据 1980 年美国人口普查数据和 2019 年美国社区调查中的人口普查数据中上一年的家庭收入计算得出。所有收入按 2018 年美元可比价格计算。
注：调查对象仅限于 18 岁以下孩子的母亲。每个母亲只调查一次，调查结果根据母亲个人的调查权重进行了加权处理。

当我们不再以家庭结构划分，而是把所有家庭综合起来看的时候，会发现如果母亲没有受过大学教育，那么这些家庭收入会下降。图 2.5 的下图就反映了这一趋势。对于受过高中教育的母亲，其家庭收入中位数下降了 4%；对于只有高中以下学历的母亲，其家庭收入中位数下降了 20%。为什么会这样？这是因为在这两个群体中，母亲收入的增长被单亲家庭数量的增加抵消掉了。这类家庭中没有另一个成年人，也就没有另一份可能的收入。双亲家庭比例下降（母亲拥有高中学历的双亲家庭从 81% 降到 67%，母亲只有高中以下学历的双亲家庭从 79% 下降到 66%），导致没有大学学历的母亲的家庭收入中位数的下降。这些数字表明，家庭结构上的"学历差距"是家庭收入不平等加剧的一个重要原因。

总结

在过去 40 年里，生活在已婚双亲家庭中的美国儿童比例急剧下降。与此同时，与未婚但彼此有承诺的父母共同生活的儿童比例却并未相应上升。真实的情况是，越来越多的孩子和单亲母亲生活在一起。这一变化在没有受过大学教育的母亲抚养的孩子身上表现得尤为明显。而母亲受过大学教育的孩子，他们和以前一样，几乎都和自己的已婚父母生活在一起。

此外，在单亲母亲家庭中，普遍来说很少有另一个成年人来承担家庭中的第二双亲角色。尽管如此，独自抚养孩子的母亲还是有可能通过自己的资源或家人朋友的帮助，来弥补家庭中缺少另一个成年人的不足。本章给出的事实和数据清楚地表明，美国儿童的家庭结构发生了巨大的变化。这些变化在人群中的分布表现并不均匀，受教育水平不同的群体受到的影响是不同的。之后的章节会讨论为什么这些变化很重要，是什么因素导致了这些变化，以及可以做些什么来扭转或缓解这些趋势，减少儿童受到的负面影响。下一章将重点讨论家庭结构和儿童可获取资源之间的联系。

第三章

二大于一

11 岁的卡地亚·凯里（Cartier Carey）在被问及为什么要为单亲妈妈筹集资金购买尿布和其他生活用品时，她这样回答："她们孤单一人，只能靠自己担起所有的事。"[1]

只要说起婚姻对孩子成长的重要性，我们总是有很多话题可谈。譬如，我们可以讨论如果让孩子看到父母彼此相爱、总是一起想办法解决挑战和分歧，对他们意味着什么，会给他们树立什么样的榜样，会让他们对成年后自己的爱情和亲密关系产生什么期望。

当然，我还可以讨论如果父母关系紧张，总有一方不开心，或者双方都不开心，甚至彼此折磨，这样的状况又对孩子意味着什么。但我不会冒险对这些话题发表任何新的观点，因为我不是婚恋专家，而是经济学家。我当然知道这些问题很重要。而且我估计，和我同龄的女性在生活中肯定经常和朋友们谈起这些话题。作为一名经济学家，我想要从制度的角度关注婚姻。我眼中的婚姻，是一份两个人共同签署、共同投入并分享各自资源的"长期合同"。如果你寻找的是一本有关婚恋或婚姻幸福的书，那么这本书不适合你。我们接下来要谈论的是婚姻和资源问题。

从经济学的角度讲，简单来说，婚姻就是两个人之间的一项长期契约，其目的是共享资源和共同分担家庭责任，包括抚养孩子（如果有的话）。总之就是，二大于一。正如我们在第二章中看到的那样，父母结婚率的下降，直接导致生活在双亲家庭中的孩子越来越少。结婚率下降是最核心的问题，也是对孩子造成影响的关键。如果两个人都投入自己的资源，就意味着家庭资源比只有一个人时要多。所有的父母都深有体会，抚养孩子需要很多资源——包括金钱、时间、情感、精力等。在最基本的层面上，孩子生活在已婚家庭中，可以稳定、持续地获得两个成年人的资源。而与未婚父母生活在一起的孩子，一般来讲在童年时获得的资源相对较少，而童年正是成长过程中需要大量资源的时期。

当我们从这个角度看待婚姻时，如果否认这种制度至少对孩子有益，就显得掩耳盗铃了。反过来讲，我们也很容易看出，为什么生活在单亲家庭中的孩子平均而言会处于相对不利的地位。2020 年，弗吉尼亚州汉普顿市 11 岁的孩子卡地亚·凯里在接受《华盛顿邮报》采访时谈到了自己为单亲妈妈筹款的项目。他说："她们孤单一人，只能靠自己担起所有的事。"单身母亲独自照顾家庭时要付出非凡的努力。

对此，时任美国总统巴拉克·奥巴马（Barack Obama）在2008年的一次演讲中也发表过类似的看法："我们需要帮助那些独自抚养孩子的母亲们。她们要一大早把孩子送到学校，然后去上班，下午把孩子接回来，然后再去上班。她们还要准备晚餐、为孩子们提前准备午餐饭盒、支付账单、收拾房子，她们独自承担的工作和那些父母双全的家庭一样多。这些女性的努力堪称非凡壮举，但她们需要帮助。她们的家中需要另一位家长，她们的孩子需要另一位家长。这样才能让家庭更稳固，才能让我们的国家更稳固。"[2]

人们一般认为，双亲家庭拥有更多的资源。统计数据也证实了这一点。一个鲜明的例子是，2019年美国官方人口普查数据显示，单亲母亲家庭陷入贫困的可能性是已婚双亲家庭的五倍；单亲父亲家庭陷入贫困的可能性是已婚双亲家庭的两倍。在没有配偶的单亲母亲家庭中，有22.2%的家庭生活在贫困当中。在没有配偶的单亲父亲家庭中，这一比例为11.5%。相比之下，只有4%的已婚双亲家庭生活在贫困中。[3]这种差异在一定程度上反映了一个事实，即贫困的成年人比高收入的成年人更有可能成为单亲父母。不过，它更有可能是一道简单的数学题——家里有两个挣钱的成年人，那么家庭陷入贫困的可能性就会降低。

双亲家庭的资源优势不仅限于收入，还有时间资源。数据显示，父亲不和孩子住在一起时，和孩子相处的时间要比和孩子住在一起时少得多。当然，许多父亲虽然不和孩子住在一起，仍然会为孩子提供经济上的支持，并花时间陪伴他们；同样，许多单身母亲在经济上也是有保障的，能够为孩子提供丰富的物质资源。但我们这里说的是一般情况。从大量数据中得知，总体而言，比起单亲家庭，双亲家庭中孩子的生活更富裕，也有更多的时间和父母在一起。这些资源优势让孩子在未来的生活中更有可能成功。

在这一章中，我会通过数据，分析对比已婚家庭和未婚家庭、双亲家庭和单亲家庭中的孩子在生活中取得的成就差异，并关注这些数据呈现出的单、双亲家庭结构与孩子成就之间的因果关系。尽管我们不可能准确地说出，这些观察到的差异有多少由家庭结构上的这种区别造成，又有多少由研究人员无法观察到的其他家庭因素造成，但一项又一项的研究表明，已婚双亲家庭在儿童成长时期投入的资源往往更多，这些投入随后会转化为更好的机会、更高的受教育水平及其他成就。接下来，我将讨论在不同的情况下，父母结婚带给孩子的好处。具体而言就是，如果家庭中有第二个成年人承担双亲中另一方的责任，那么这个人带给孩子的潜在收益将取决于母亲本人的资源水平、这个人带来的资源情况，以及他们的目标（譬如可能是摆脱贫困之类的基本目标，也可能是让孩子大学毕业这样的高级目标）。在这里，我相信很多读者肯定要问："如果这个人伤害孩子怎么办？如果这个人压根没收入呢？"这些都是需要考虑的重要问题，也是我们要讨论的内容。

数据显示，对于已婚母亲和未婚母亲，即使她们的年龄相同、受教育程度相同，在她们陪伴下长大的孩子所取得的成就也存在着相当大的差距。这一差距可能会根据母亲的年龄和受教育程度的不同而不同，也可能会根据我们关注的成就的不同而不同。但总的来说，即使单身母亲在抚养孩子时可能从其他地方获得帮助，比如孩子的父亲、其他亲戚、政府和社区项目，但与双亲家庭中的孩子相比，单亲家庭中的孩子总是处于相对不利地位。这种趋势是一致的。从统计上看，孩子取得的有些（但不是全部）成就上的差异，是由于已婚双亲家庭的收入较高造成的。这一点很重要，因为这意味着我们可以制定政策，通过增加单身母亲的收入来缩小这些差距。但同时，这也意味着即使制定政策，大幅增加政府的投入，缩小单亲家庭和双亲家庭之间的收入差距，孩子们的经历和成就仍然会有较大差距。

婚姻意味着分工。

从经济学的角度思考婚姻，我们会发现，当两个人共同维系支持一个家庭并抚养孩子时，他们的力量比两个人各自力量的总和更大。总体来讲，两个人一起工作，比每个人单独工作能为家庭和孩子带来的收益更多。这个概念就好像制造业中的流水线一样。以生产自行车为例，如果每辆自行车都由一个工人制造，将会非常耗时。因为每个工人要了解每个部件，并且知道如何把它们装配在一起。但如果工人们以流水线的方式工作，每个工人只完成自行车制造过程中的一个特定步骤，那他们就可以在这个特定步骤上变得更加熟练，制造自行车的流程也会变得更有效率。这样一来，就能用更少的时间制造出更多的自行车。

不难看出，同样的概念也可以应用在家庭生活当中。两个成年人通过分工协作，共同承担家务，从而提高了他们维持家庭运转及抚养孩子的整体效率。在经济学家眼中，婚姻是一种可以通过"比较优势"（comparative advantage）进行分工的模型。婚姻中角色分工的概念最早是由诺贝尔经济学奖得主加里·贝克尔（Gary Becker）提出的。他在 20 世纪

60年代提出，认为婚姻可以让丈夫专注于劳动力市场上的工作，让妻子专注于家务和抚养孩子。[4]如今，劳动力市场上女性从业机会的变化及社会规范的不断演变，使得婚姻中的角色分工不再像过去那样按照性别严格划分了，谁都可以从事劳动力市场上的工作、家务工作及抚养孩子的工作。尽管如此，婚姻中角色分工的概念仍然适用于许多夫妻。夫妻双方可以将精力集中在他们相对更擅长的领域，从而更有效地利用时间。

以我自己的婚姻为例。我和丈夫都外出工作，共同承担家务和抚养孩子的责任；但在这些领域，我们也是有所分工的。比如，我是做计划的那个人，擅长组织策划。所以，我通常管理孩子们的日程活动安排，并负责规划每天吃什么、买什么。我的丈夫和孩子们经常问我东西放在了哪里，所以我有时认为我在家里最大的比较优势就是我总能够为他们找到一切！与此同时，我的丈夫负责维修车辆和房屋，并管理我们的医疗保险和其他账单。他还带头教我们的孩子读书。这么多年下来，我们在各自擅长的工作上都变得更有效率了——我丈夫处理健康保险要花的时间比我自己干要短得多。同样，我整理每周的购物清单和在商店货架上寻找商品用的时间只有我丈夫的四分之一。（我经常看到男人在商店里打电话询问"我应该买哪一种？"或者"他们这儿没有你说的那个东西，该买什么代替？"基于此，我认为我和丈夫的这种分工方式在夫妻间很常见。）如果我是单身母亲，或者他是单身父亲，那我们就要在只有一个人的情况下，独自完成本来由两个人完成的任务。而且，我和他都不能只擅长做一部分工作。

经济学家会用优雅的数学方程式来描述这种分工和协作的过程，但我认为对大多数读者而言，这个概念实际上很简单，也很寻常。其中的关键就是，与单亲家庭相比，双亲家庭中出现的任何分工都会进一步增加双亲家庭的资源。

数据充分说明了美国的单亲母亲家庭和美国贫困现象之间的联系。

有关家庭结构与孩子成就之间关系的研究非常多，大多集中在母亲婚姻状况的差异上，也就是已婚母亲的孩子和未婚母亲的孩子在经历上的差异。这种关注部分反映了这样一个事实——在大规模的数据集和人口普查中，人们向来愿意基于婚姻状况把家庭结构分成数量有限的一小组类别。只要是阐述单亲家庭和双亲家庭差别的书，就必定会注意到，母亲的婚姻状况和家庭中双亲的数量存在明显的相关性。随着同居关系越来越普遍，母亲的婚姻状况不像过去那样，可以有效地预测家里是否有父亲的角色。但正如我们在第二章中看到的那样，母亲的婚姻状况和家庭中双亲的数量之间仍然存在着极其强烈的统计学关联。这也可以解释为什么我的研究大部分都是围绕着单亲母亲的家庭，而非笼统地围绕单亲家庭展开的。

　　研究美国贫困问题的学者们撰写了大量文章，说明单亲母亲（通常根据婚姻状况定义）与贫困现象之间存在明确的联系。其中最重要的当属社会学家萨拉·麦克拉纳汉开展的研究（我在第二章中提到了她的工作——脆弱家庭与儿童福祉研究），可谓独树一帜。1986 年，麦克拉纳汉与经济学家兼社会工作学者欧文·加芬克尔（Irwin Garfinkel）合著的《单亲母亲和她们的孩子：美国新困境》（*Single Mothers and Their Children: A New American Dilemma*）[5] 一书，堪称该领域的早期里程碑，标志着对棘手的社会问题进行实证研究的开始。他们通过令人信服的数据说明，1960—1980 年间单亲母亲家庭的增加，是同时期儿童贫困现象加重的一大推动因素。

　　麦克拉纳汉和加芬克尔发现，在白人家庭中，单亲母亲家庭的比例从 1960 年的 5% 左右上升到 1980 年的 10% 以上；而在黑人家庭中，这一比例从 1960 年的 20% 左右上升到 1980 年的 45% 以上。在这本 1986 年出版的书中，作者得出了令人不安的结论——单亲母亲家庭的孩子显然处于不利的地位。如果母亲从未结过婚或离异，她们的孩子会明显处于劣势。作为一种描述性的事实，作者指出，离异家庭的孩子往往表现得更糟糕。这在很大程度上是因为离婚后，家庭收入急剧下降，而家庭收入水平降低会导致孩子的表现变差。

1994 年，麦克拉纳汉与社会学家加里·桑德弗（Gary Sandefur）合著了另一本书《在单亲家庭中长大》（*Growing Up with A Single Parent*）。这本书利用多个全国性的数据集，进一步研究了家庭结构和儿童成就之间的联系。[6]作者指出，与已婚双亲家庭中的孩子相比，单亲母亲家庭中的孩子更有可能成为少女母亲，更有可能从高中辍学，也更有可能在 20 岁出头的年纪，既没有学上，也没有班上。

是家庭结构还是其他因素影响了孩子的发展？

自 1994 年麦克拉纳汉的那本书出版以来，又有不少学者对家庭结构对儿童发展的影响这一课题开展了研究和论述。许多近期研究都把研究重点放在了区别家庭结构对儿童成就的因果关系上。研究人员一直试图确定，他们观察到的不同家庭结构中儿童成就的差异在多大程度上是由家庭结构——也就是由父母的婚姻状况决定的（因果关系）——而非其他因素造成的。例如，统计数据显示，比起已婚母亲，未婚母亲更有可能在自己青少年时期就生下了孩子。但是，从因果关系上讲，造成未婚母亲的孩子在生活中处于劣势的原因，究竟是因为母亲在年纪很小时就要维持家庭和抚养孩子，还是因为她的家庭缺少另一个双亲角色？当今学者的大部分工作都使用统计方法，试图从家庭结构的影响这一角度出发，去解析各种复杂因素的作用。

社会学家在确定某个给定因素的因果关系时，通常采用随机对照试验（Randomized Controlled Trial，RCT）这一堪称黄金标准的研究方法。在随机对照实验中，研究人员随机选定一些人加入某个政策干预计划，而另一些人不加入。研究人员利用这种方法比较两组人的结果，就可以自信地将结果的差异归因于政策干预计划。但显然，在研究家庭结构对孩子的影响时，我们永远不可能采用这种方法，因为我们不可能为了研究的目的，把一个孩子随机分配到双亲或单亲家庭中。而在实践中，我们也很难找到"完美随机"的情况——也就是找到一组家庭，他们除了受到要研究的那个因素的影响外，不受其他因素的影响。比如，双亲中一方死亡，使孩子从双亲家庭变成单亲家庭。这种情况在某些时候可以被视为随机事件。但双亲中一方的死亡显然不仅剥夺了孩子从这一方得到的资源，而且还是一次创伤性事件，可能会以多种方式——包括以研究人员未知或无法观察到的方式——影响孩子（和双亲中活着的一方）。

这些研究方法上的局限，使得社会学家很难最终确定单亲或双亲家庭是不是影响孩子发展的决定性因素。因为他们不知道其他因素是不是也起了作用，比如父母是不是更愿意结婚、更愿意努力维持婚姻状态，还有他们受教育的水平、对工作的投入程度及其他个性特征等。但是研究人员采用了一种出色的方法来应对这一挑战。他们使用纵向数据集之中的数据，也就是说，跟踪同一个孩子和家庭，比较家庭结构变化前后孩子的情况，从而更直接地将孩子的发展结果和家庭结构的变化联系起来。另一种使用纵向数据集的方法是比较兄弟姐妹的情况——比较在同一个家庭中，在单亲或双亲家庭中生活时长不同的兄弟姐妹的情况，或者在单亲或双亲家庭中度过不同童年时期的兄弟姐妹的情况。这种方法的一个优点是，尽管兄弟姐妹之间可能有很多难以观察到的潜在差异，但他们的母亲一样，基因库一样。因此，正如我们在统计分析时经常说的那样，影响结果的很多重要因素是"保持不变"的。

还有一个挑战是确定"中介因素"（mediating factors），也就是确定家庭结构导致结果差异的确切机制是什么。双亲家庭和单亲家庭有很多差别。双亲家庭通常意味着更高的收入，以及与此相关的各种优势，比如，可以住在更安全的社区、上更好的学校、饮食更健康、课外活动和旅游经历更丰富等等。此外，双亲家庭还意味着有另一个成年人会投入时间陪伴孩子，无论是基本的照顾（比如给孩子喂食或穿衣）、教育（比如给孩子读书或辅导他们做作业）、通勤（比如开车去参加体育锻炼或上音乐课），还是在一起的休闲娱乐时间。

即使我们能找出双亲家庭中孩子取得更高成就的原因——比如双亲比单亲挣的钱更多，可以花更多的时间陪伴孩子、教育孩子——也并不能说，家庭结构就不重要。它仅仅意味着双亲家庭更容易提供这些东西，使得孩子更有机会在教育、经济和社会领域取得成就。

了解造成差异的机制至关重要，部分原因是，它可以指导我们解决问题，减少差异。比如，在统计上，家庭结构造成的收入差距可以解释儿童成就上的差异，那么如果对单亲母亲家庭提供更多经济上的帮助，就能缓解这些家庭中儿童的相对劣势。又比如，在统计上，父亲的投入程度以及抚养孩子的时间可以解释儿童成就上的差异，那么，让那些不和孩子住在一起的父亲多参与孩子的生活（当然是以一种积极的方式），或者让那些对孩子有积极影响的成年人或导师多来看望孩子，就有可能缩小这些家庭中的儿童在成就上的差距。

近来，很多采用了先进统计方法的研究都表明，即使在统计上考虑了显著的人口差异后（比如家庭居住地或母亲的受教育水平），生活在单亲母亲家庭中的儿童在成年后的受教育水平和收入水平也较低。在寻找和确定导致这些差异的机制时，有证据表明，孩子在童年时期的家庭收入虽然不是唯一因素，但的确是导致结果差异的关键因素。相关的研究汗牛充栋，很难在这里做一个完整的文献综述。接下来，我会尽自己所能，对这些研究做一个简单的总结。我不在本书中全面论述这些文献，可能会让研究人员有些失望；但这么做，对大多数普通读者而言，可以说是一种解脱。

一些社会学家使用"国民收入动态追踪研究"（Panel Study of Income Dynamics，PSID）中的纵向数据，跟踪儿童从小到大的成长情况。国民收入动态追踪研究是世界上持续时间最长的纵向家庭调查，它始于 1968 年，跟踪了美国 5000 个家庭中超过 1.8 万名儿童的成长情况，其跟踪样本在全国范围内具有代表性。在密歇根大学研究人员的指导下，调查人员一直在收集这些最初样本及其子女的详细信息，包括就业情况、收入状况、财富规模、日常开支、健康状况、婚姻状况、生育状况、子女成长情况、受教育情况和许多其他的数据。

2014 年，一项利用这些数据得出的研究成果与大多数人的直觉相吻合——单亲家庭中的儿童，在成长时期的家庭收入水平低于在已婚双亲家庭中的儿童。即使研究人员对孩子的性别、种族、出生顺序、母亲生育第一胎时的年龄和母亲受教育程度进行了统计学上的调整，这种趋势仍然存在。如果母亲从未结婚，孩子在成长时期的家庭收入水平更低，明显低于母亲在孩子出生后结婚，或者母亲在孩子出生时已婚但随后离异的家庭。

这项研究还指出，如果母亲从未结婚，孩子在成年后的收入水平也明显低于母亲一直处于已婚状态的孩子。这一趋势同样是在统计学角度调整了人口特征后得出的。在抚养年幼子女期间，母亲改变了婚姻状态（从未婚到已婚，或者从已婚到离异），孩子在成年后的收入也较低；不过根据人口特征，其统计数据存在一些差异。研究表明，从统计上讲，母亲从未结过婚的孩子和母亲一直处于已婚状态的孩子，成年后在受教育水平和经济条件方面存在诸多差距；这可以用儿童时期家庭经济资源较少来解释。然而，从统计上讲，对于母亲离异和母亲一直处于已婚状态，孩子在成就上的差异却无法用儿童时期家庭收入的差异来解释。这也许是因为，在这些情况下，婚姻破裂对孩子的负面影响并不仅仅是家庭收入的减少。[7]

对于离婚如何影响孩子发展这个问题，研究离婚对儿童福祉影响这一课题的学者们普遍发现，与父母一直处于结婚状态的孩子相比，离异父母的孩子会表现出更多的情感和行为方面的问题。麻省理工学院（MIT）的经济学家乔纳森·格鲁伯（Jonathan Gruber）在 2004 年围绕单方面离婚法设计了一项研究，确定了其中的因果关系。单方面离婚法（unilateral divorce laws）允许一方在未经另一方同意的情况下终止婚姻，这种做法在 20 世纪 70 年代流行起来，导致美国离婚数量大幅增加。[8] 格鲁伯在分析 1960 年、1970 年、1980 年和 1990 年的美国人口普查数据（即单方面离婚法实施前后的数据）时发现，这一法律的出现导致了更多人离婚，并对儿童的成长产生了恶劣影响。具体而言就是，由于父母离婚率的增加，受影响的儿童与没有实行这项法律的地区中家庭情况类似的儿童相比，其受教育水平较低，收入水平也较低，他们自己的婚姻本身也更动荡（结婚次数更多，离婚次数也更多）。格鲁伯的研究说明了离婚对孩子的长期发展有负面影响。（但要说明的是，虽然这项研究发现，单方面离婚法造成离婚率上升，对儿童的成长产生了负面影响，但综合各方面的考虑，这并不一定意味着单方面离婚法对社会不利，为社会所反对。更有可能的是，成年人更容易结束一段有害的婚姻，这对他们自己是有好处的。[9]）其他研究表明，父母离婚可能会造成孩子随后的生活陷入贫困。[10] 一般来讲，离婚后导致家庭收入下降，这肯定是离婚对孩子不利的一个原因。

我们再来看各种纵向数据研究中对家庭结构问题开展的更笼统的研究。2022 年发表在宏观经济学期刊上的一项研究（同样使用了国民收入动态追踪研究的数据）表明，随着时间的推移，家庭结构对孩子在教育方面取得成就的影响越来越大。[11] 这项研究表明，即使在统计上排除了包括家庭收入在内的诸多家庭因素后，根据孩子生活在单亲还是双亲家庭，依旧能有效地预测其是否能完成大学学业。此外，这项研究还进一步表明，在其他条件不变的情况下，比起 1995—2005

年间年满 28 岁的人来讲，这一指标（与单亲还是双亲一起生活）在预测 2006—2015 年间年满 28 岁的人时准确性（从统计的角度讲）更高。儿童的早期成长环境对大学毕业率的影响如此之大，以至于研究人员进行的政策模拟表明，对于单亲家庭，在孩子上大学前给予教育补贴，对孩子完成大学学业及未来薪资收入产生的影响，要比大学学费补贴或一般的家庭现金补贴等措施的效果都大。

2009 年，一组经济学家研究了 1997 年全国青年长期追踪调查（National Longitudinal Survey of Youth，NLSY）中的数据——这是一项面向全国范围的纵向调查，非常详细，对大约 9000 名 12—16 岁的有代表性的年轻人进行长期跟踪调查。[12] 该调查项目对儿童在家庭结构变化前后的表现进行了比较，并比较了在同一年龄段身处不同家庭结构中的兄弟姐妹的发展情况，以确定家庭结构和孩子成长之间的关系。全国青年长期追踪调查发现，儿童在没有亲生父母的家庭中长大，受教育程度普遍较低，成为未婚父母的可能性较高，也更容易出现青少年犯罪行为。进行这项研究的经济学家指出，生活在单亲母亲家庭的年轻黑人男性，在就业问题和犯罪入狱这两个方面会受到的影响尤其明显。（我将在第六章更深入地探讨这个棘手问题。我会给出更多的最新证据，说明父亲角色的缺失对男孩的成长产生的影响。）这些统计数据表明，单亲家庭（特别是单亲母亲家庭）收入较低，这一点可以部分（但并不绝对）说明人们观察到的家庭结构和儿童成长之间的关系。与 1994 年麦克拉纳汉和桑德弗的研究以及我自己的研究一样，该研究也发现，家庭收入虽然不是唯一的中介因素，但的确是重要的中介因素。

父亲角色的缺失对儿童的发展有直接影响，而且这种影响并不仅仅源于父亲角色的缺失造成了家庭收入的减少。研究发现，父亲参与孩子的生活（不光是经济上的投入），对孩子的成长有好处。2006 年的一项研究使用了全国青年长期追踪调查的早期数据（具体为 1979 年出生的群体）。研究发现，即使考虑到孩子的种族和民族、母亲的受教育程度和生育第一胎时的年龄等人口特征，单亲家庭中的孩子还是比双亲家庭中的孩子在行为举止方面表现得更差。其结论是，父亲对孩子生活的参与程度较低，可以从统计学上解释上述这种差异。[13] 这项研究还发现，在其他条件相同的情况下，对于单亲母亲家庭，如果父亲能够设法更多地参与孩子的生活，那么这样的孩子和双亲家庭中的孩子在行为举止方面的差异会有所减少。2013 年的一份学术研究综述总结了家庭中和父亲角色缺失有关的因果关系。它的结论是，父亲角色的缺失会对孩子在社交情感上的发展产生负面影响，尤其会加重"外化性问题"（externalizing problem），也就是那些具有破坏性的、有害的、指向外部的行为问题，比如打架或霸凌。[14]（关于这一点，也就是父亲参与孩子的生活对孩子的重要性，特别是对男孩的重要性，我在后面的章节中会再次谈到。）

尽管在许多研究中，研究者们都对统计数据进了调整，以确定要寻找的因果关系，但我们在为不同的家庭结构中观察到的儿童差异提出因果性解释时，还需要谨慎。正如我在前面提到的那样，家庭结构和双亲关系的状态并不是随机分配的，也就是说，它们不是为了让人们更容易研究而设计出来的。即使研究人员采取措施，在统计上对观察结果中所有可能的混淆因素进行了处理，仍然可能存在一些单亲父母具有但研究人员观察不到的因素，以及一些研究人员无法从数据中看到的问题；它们会使这些单亲父母即使结婚，也不太适合养育孩子，他们的孩子获得的成就仍然不如双亲家庭中的孩子。然而，考虑到研究的数量之大、证据之充分，我们有理由认为，即使单亲父母和双亲父母之间存在一些无法观察到的差异，但从数据上看，压倒性的事实就是，一般来讲，家庭中有第二位双亲角色，加上这个角色带来的额外资源

（金钱、时间等），对孩子的成长是非常有益的。

已婚和未婚母亲的孩子，在成就上的差距取决于资源情况。

在本书开头提到的那次研讨会上，面对一屋子的经济学家和政策制定者，我向他们提出，在我们讨论收入不平等和社会流动性的时候，要关注家庭结构中的阶层差距。在研讨会结束后，我在酒店大堂遇到了那位刨根问底的经济学家，并谈话了。在那天晚些时候和接下来的几天，我又回想起那次谈话并意识到，我对他的问题回答得太快了。我当时说，我并不怎么担心那些父母离婚或不结婚的高收入家庭中的孩子，我担心的是那些在低收入单亲家庭中的孩子。的确，这些孩子是我最关注的。但我也想知道，对于资源丰富的孩子来讲，家庭结构对他们有影响吗？如果有的话，有什么影响？如果一个单身母亲受过良好的教育，资源丰富，她的孩子会和已婚母亲的孩子一样优秀吗？我看过无数的研究，都是关于单亲母亲家庭和贫困之间的联系。我在这本书里已经介绍过一些。但在和那位经济学家交谈之后我意识到，我的确不知道那些数据对于拥有更多资源、没有陷入贫困风险的人非婚生育或单独抚养孩子能得出什么结论。当然，对于没有高中学历的 19 岁女性而言，非婚生育的意义肯定和 25 岁有大专学历或 35 岁有大学学历的女性非婚生育大不相同。婚姻的好处——或者更确切地说，家里有第二位双亲角色的好处——会因为孩子母亲情况的不同而不同吗？

韦尔斯利学院（Wellesley College）的经济学教授菲尔·莱文经常与我合作研究。我给他打电话，询问他有没有听说过某个研究，专门针对婚姻带给不同类型母亲的"差异化"（heterogeneous，这是经济学家对"不同"或"差异"的说法）收益的问题。我们先是讨论了这个问题可能的结论，然后开始寻找有关这个题目的已有研究，但一无所获。没有任何研究能够直接回答我们一直在思考的问题。因此，我们做了经济学家们聚在一起时会做的事：我们写出了一个模型（也就是说，写下一个关于假设关系的数学方程），然后大致确定了一个估算这些关系的方法，并用已知可用的数据开始研究这个问题。

我们从一个简单的理论开始：（对于孩子来讲）婚姻的收益取决于母亲的个人资源、她的伴侣或孩子的父亲为家庭带来的额外资源，以及这些资源带来的回报。我们用"资源"这个词泛指与抚养孩子有关的一切，包括父母的收入、财富、时间和情感精力等。我们这个方程中的第三部分，即资源的回报，类似于将投入转化为产出的"生产函数"（production function）。对于那些不习惯用生产汽车的术语来思考养育孩子的人来说，这个概念可能有点怪。但你可以这样想——你花时间陪伴孩子，陪他们读书、给他们买书，花钱让他们接受更多的教育，经历更丰富的活动。这些事情——你投入的时间、金钱和精力——就是投入的资源。你孩子的成就——包括他们的受教育水平和收入水平——就是产出。在婚姻关系中，儿童的成长过程就是这个"生产函数"，它会利用这些投入产生出结果。不同的投入，以及它们相互作用的方式，将产生"差异化的婚姻附加价值"，也就是孩子和已婚父母共同生活时可以获得的不同程度的好处。我们使用"婚姻对孩子的附加价值"（marriage premium for children）一词作为一个简化指标，来表示已婚父母的孩子和单亲母亲的孩子在成就上的差距。[15]

例如，对一些女性来说，伴侣带来的额外资源太少了，不足以改变孩子的成就。十几岁的女孩成了少女母亲，即使她和孩子的父亲结了婚，他们的共同资源也可能太少了，不足以让孩子摆脱贫困或让其完成高中学业。而一个职业女性大概率会让自己的孩子摆脱贫困，并仅凭自己的资源确保孩

　　　　　　　　　　　　　　　不结婚的社会

子从高中毕业。对于例举的这两位女性来讲，一个收入很低，一个收入很高，家里是不是有配偶对孩子能不能摆脱贫困或者高中毕业，可能不会产生影响。对她们来说，婚姻对孩子的附加价值很低。相比之下，一个收入中等的母亲和一个收入中等的男人结婚，可能会把家庭资源提升到一个能真正改变孩子生活的水平上。在这种情况下，婚姻对他们的孩子来讲，有很高的附加价值。

为了验证我们的想法，我和莱文研究了国民收入动态追踪研究纵向数据集中关于儿童和家庭的数据。我们根据孩子出生时母亲的婚姻状况对孩子进行分类。事实证明，这可以很好地预测孩子在童年时期的家庭结构。数据显示，儿童在出生时父母已婚，他们在 14 岁时仍与已婚父母一起生活的可能性是 75%；儿童在出生时母亲未婚，他们在 14 岁时仍与单亲母亲一起生活的可能性是 65%。数据显示，与已婚母亲相比，未婚母亲在生育第一胎时更年轻，受教育程度更低，家庭收入也更低。未婚母亲生第一胎时的平均年龄为 23.7 岁，而已婚母亲生第一胎时的平均年龄为 29.8 岁。未婚母亲平均完成了 12.8 年的教育，而已婚母亲则平均完成了 14.6 年的教育。已婚母亲生育第一胎时的家庭收入中位数是未婚母亲的两倍——前者为 73255 美元，后者为 31329 美元（按 2013

年美元可比价格计算）。

数据还显示出在孩子的童年时期，这两类家庭收入存在巨大差距。未婚母亲的孩子在童年时期，其家庭的平均收入是 35430 美元，已婚母亲的孩子在童年时期，其家庭的平均收入是 82454 美元（按 2013 年美元可比价格计算）。单亲母亲的孩子生活在贫困中的比例也要大得多：他们在童年时期有 36.4% 的人生活在贫困中，而已婚母亲的孩子的这一比例为 8.6%。[16]

接着，我们从四个方面观察已婚和未婚母亲的孩子的表现，这四个方面分别是：25 岁时摆脱贫困；20 岁之前完成高中学业；25 岁时家庭收入超出贫困线四倍（高收入的象征）；25 岁时完成大学学业。我们把摆脱贫困和从高中毕业称为"基本成就"，因为这些是大多数人都能做到的事情。我们把高收入和大学毕业称为"高级成就"，因为这些是难以实现的成就，能在成年后实现这些成就的儿童要少得多。我们用这两个简化的标签分别表示更容易实现或更难实现的成就。（现在想起来，我们其实可以简单地把这两个标签称为"容易实现的成就"和"难以实现的成就"。）

我们预测，对于孩子的基本成就和高级成就而言，婚姻的附加价值会表现出不同的模式。回忆一下，我们前面提出的婚姻的附加价值主要取决于三个因素——母亲自己的资源水平、结婚后父亲带给家庭的资源，以及这些资源的回报（也就是这些资源转化为孩子成就的方式）。这一逻辑意味着，就基本成就而言，对于资源水平中等的母亲来讲，婚姻带来的收益最大——她们不需要太多的额外资源就可以跨过门槛，让孩子摆脱贫困并从高中毕业。一个拥有高中学历的年轻单身母亲可能没有足够的资源独自跨过这道门槛，但如果家里有一个和她情况差不多的配偶，就可能足以确保他们的孩子高中毕业，并获得足够高的收入，以避免年轻时陷入贫困。而一位年纪较大、受过大学教育的单身母亲可能靠自己就有足够的资源抚养孩子，帮助他们完成高中学业并避免贫困。对于资源丰富的母亲来讲，婚姻在孩子的基本成就上带来的附加价值不会太大。

而对于孩子的高级成就，婚姻给资源丰富的母亲带来的回报可能最大。对于大学毕业这一高级成就而言，低收入家庭孩子的大学毕业率很低。但随着家庭收入的增加，大学毕业率也随之上升。[17] 一个年轻的、受教育程度较低的母亲即使和伴侣结婚，他们可能依旧没有足够的资源让孩子完成大学学业。一般来说，这需要两个资源丰富的父母把资源结合起来，创造出一种环境和一系列的机会，才能让孩子实现这些高级成就，具体而言就是，让孩子完成大学学业并在年轻时获得很高的收入。这意味着在资源丰富的母亲所生的孩子中，完成大学学业的差异将最大。这是因为，大多数受教育程度较低的年轻母亲所生的孩子，无论他们的父母是否结婚，都很难完成大学学业。

数据中的模式符合我们的预测。就基本成就（高中毕业并在 25 岁时摆脱贫困）而言，婚姻的附加价值（我们在前面说过，用这个简化术语来表示单亲母亲家庭和已婚母亲家庭中的孩子在成就上的差距）对那些统计数据上而言最年轻的、受教育程度最低的母亲，以及那些最年长的、受教育程度最高的母亲而言最小。换句话说，从婚姻中获得的额外资源对于底层的母亲不够，对于高层的母亲不必要，它们都无法大幅提高孩子高中毕业和摆脱贫困的可能性。对于在年龄和受教育程度两个维度中处于中间位置的母亲来讲，婚姻的附加价值最大——对于 20 岁出头到 25 岁左右的、拥有高中学历的母亲来讲，结婚与否对孩子的这两个基本成就影响最大。

就高级成就（大学毕业并在 25 岁时获得高收入）而言，随着母亲年龄和受教育程度的提高，婚姻的附加价值稳步提升。这一发现也与我们模型的预测一致。对于这些难以实现的成就，随着母亲年龄和受教育程度的提高，婚姻起到的作用越来越大。在大多数重要的社会门槛中，双亲是否结婚成了一道分界线。

这些模式可以在表 3.1 中看到。表 3.1 按子女出生时母亲的婚姻状况和受教育水平划分，统计了子女的受教育水平。[18]（这些都是原始数据，没有进行过其他调整。）母亲拥有高中或大专学历的孩子，在父母的婚姻中获得的附加价值（按母亲的婚姻状况，孩子在 20 岁之前获得高中学位的比例之差）最大，分别为 9.3% 和 7.7%。母亲没有高中学历及母亲有大学学历的孩子，在父母的婚姻中获得的附加价值最小。一方面是因为，如果母亲没有高中学历，孩子完不成高中学业的比例会很高，甚至在父母结婚的情况下也是如此；另一方面是因为，如果母亲受过大学教育，孩子完不成高中学业的比例会很低，即使在单亲母亲的情况下也是如此。例如，在受过大学教育的单亲母亲的孩子中，有 88.8% 在20 岁之前获得了高中学历。相比之下，在没有高中学历的已婚母亲的孩子中，有 73.6% 在 20 岁之前获得高中学历。将这两个数值对比可知，无论母亲的婚姻状况如何，她们自身的教育水平在预测其孩子受教育程度方面会起重要作用。

表 3.1 母亲的婚姻状况和受教育程度对子女受教育程度的影响

母亲的受教育程度	已婚母亲	单亲母亲	差距（婚姻的附加价值）
20 岁之前高中毕业的子女所占百分比（%）			
高中以下学历	73.6	67.9	5.6
高中学历	87.7	78.5	9.3
大专学历	90.7	82.9	7.7
四年制大学学历	93.0	88.8	4.2
25 岁之前四年制大学毕业的子女所占百分比（%）			
高中以下学历	7.4	4.9	2.4
高中学历	18.0	4.8	13.2
大专学历	31.1	13.8	17.3
四年制大学学历	57.0	28.6	28.4

注：表中数据来自对国民收入动态追踪研究中 1960—1989 年出生孩子的数据的观测。每个观测值都根据国民收入动态追踪研究中的儿童采样权重做了加权处理。

单亲母亲和已婚母亲按照其受教育水平划分，子女在四年制大学毕业率上的差距，和在高中毕业率上的差距相比，呈现出不同的模式。如果母亲没有高中学历，无论其婚姻状况如何，孩子都很少能从大学毕业——只有 7.4% 已婚母亲的孩子和 4.9% 未婚母亲的孩子能在 25 岁之前获得大学学位。这两个比例都很低，意味着婚姻带给孩子的附加价值都很低。

不结婚的社会

然而，如果母亲拥有大学学位，则57.0%已婚母亲的孩子和28.6%未婚母亲的孩子在25岁之前获得了大学学位。这二者之间相差了28.4个百分点，差距巨大。

表3.1中的数字是在不考虑其他变量情况下的统计数字，也就是说，只考虑了孩子出生时母亲的婚姻状况和母亲受教育水平这两个变量，并没有考虑其他的相关因素。我们在研究中调整了孩子的年龄、种族、民族和出生年份后，又按照母亲的婚姻状况，得出孩子在获得基本成就和高级成就时的差异。上述只考虑两个变量时呈现的差异模式，在详细调整孩子状态信息后同样可以看到。进一步的分析表明，孩子出生时的家庭收入只是造成儿童成就差异的部分原因。即使我们在统计上考虑了家庭收入（以及人口特征），其结果仍然存在相当大的差异。换句话说，平均而言，出生在家庭年收入为5万美元的双亲家庭中的孩子，比出生在同样收入的单亲家庭中的孩子表现得更好。

家庭收入是导致单亲家庭和已婚家庭的孩子在成就上出现差异的重要但非唯一因素。这一发现和其他研究（包括前面介绍的研究）的结果一致。除了收入之外，双亲家庭的孩子还可以通过多种机制从家庭中受益。比如，双亲家庭中的父母可能有更多的时间和精力来照顾孩子。此外，低收入家庭和单亲家庭中往往有一些压力因素，直接伤害儿童的成长，比如居无定所、母亲的精神压力过大及消极的抚养方式。第五章和第六章将深入地探讨这些问题。

这些讨论的核心观点是，婚姻对孩子的附加价值很大程度上取决于资源情况。值得注意的是，从孩子的角度来看，最大的"婚姻收益"存在于在年龄和受教育水平的分布中处于中、上位置的母亲。正如我们在第二章中看到的，近几十年来，在生育并抚养孩子的单亲母亲群体中，增幅最大的正是拥有高中或大专学历的女性。

社会学家克里斯蒂娜·克罗斯（Christina Cross）在2020年的一项研究中使用国民收入动态追踪研究数据研究了黑人、白人和拉美裔儿童的家庭结构与受教育程度之间的关系。[19] 这项研究的结论印证了一个观点——资源情况不同，儿童成长受到的影响也不同。克罗斯的研究表明，儿童在没有亲生父母的家庭中生活的时间越长，高中毕业的可能性越低。相比于白人和拉美裔儿童，这一点在黑人儿童身上体现得更明显。她指出，造成这种差异的部分原因，似乎可以归结于不同种族和民族的单亲母亲在受教育程度和年龄上的差异。她的解释和我上面介绍的模型及推导出的结果一致。也就是说，婚姻对孩子的附加价值大小，取决于母亲的资源情况及第二位双亲角色带给家庭的资源水平。

这些研究为我们引出了一个关键性的观点——那种认为只要有更多的父母结婚就能解决上述挑战的想法是幼稚的。结婚也许能解决上述问题，也许解决不了。这和近几十年来这么多父母选择不结婚有很大关联。就某种程度而言，结婚率的下降和非婚生育的增加，反映了男性（及父亲）经济地位的下降。最近一二十年，父亲们为家庭带来的资源比过去要少。这看起来至少是问题中的一部分。作为第四章讨论内容的预演，我们可以直白地、不留情面地说——没有受过大学教育的男性在经济上的吸引力降低了。这种降低是社会潜在问题的一部分。这意味着，即使我们挥动魔杖提高了结婚率，家庭资源中的阶层差距仍然会存在。当然，我们大多数人无论如何都不会想要挥动这样的魔杖。最好的办法是解决结婚率下降背后的原因。这样一来，更多的父母就会选择结婚，他们的婚姻（实际上是他们集中资源，共同承担维持家庭和抚养孩子责任的长期合同）就会为他们的孩子带来好处。

未婚父母或非亲生父母共享资源并共同抚养孩子会怎么样？

当我们关注资源的时候，会出现几个很明显问题：

- 首先，一对夫妇是否需要正式结婚才能把和这个制度相关的利益赋予他们的孩子？
- 第二，再婚或有继父母的家庭能为孩子带来多少附加价值？
- 第三，婚姻带给孩子的好处是否和双亲的性别有关？从资源的角度看，同性婚姻和异性婚姻是一样的吗？
- 第四，如果父母结婚率的下降是父亲一方资源减少的缘故，又会怎样呢？

对于第一个问题，如果两个成年人保持长期的伴侣关系，并承诺共同抚养和照顾孩子，那么这种情况和他们按照法律或宗教的规定结婚相比，在资源上并没有什么差别。如果婚姻对孩子的好处来自婚姻这种安排带来的资源优势，那么结不结婚无关紧要。然而，目前在美国的实际情况是，还没有一种以同样的长期伴侣关系和彼此承诺为特征的制度体系可以取代婚姻。在美国，同居关系远没有婚姻稳定。这种不稳定性可以解释，为什么已婚家庭和未婚家庭在家庭资源、孩子的经历和未来成就方面，存在明显的差距。

　　换句话说，如果所有未婚母亲都与孩子的父亲保持长期稳定的关系，并且这些未婚父母都像已婚父母那样共享家庭资源，共同承担抚养孩子的责任，那我们也就不会看到已婚和未婚家庭在家庭资源和孩子成长方面有如此巨大的差距了。如果在结婚和不结婚的人之间存在某种潜在的差异（也就是说，出于某种我们无法从数据中观察到的原因，愿意结婚的人在某种程度上是更好的父母），我们在孩子的成就中可能仍然会发现差距。但是，鉴于单亲未婚家庭和双亲已婚家庭的孩子在成就上的巨大差异，即使对大量可观察到的特征和其他因素进行了（统计学上的）调整，把这些差异都归因为已婚父母在某种程度上是更好的父母，也过于牵强了。导致这些差异更可能的原因是，已婚父母的孩子可以获得额外资源（金钱和其他东西）。

　　再婚和继父母问题关注的是家庭关系，而不是家庭资源。促使我写这本书的主要社会问题是，自 1980 年以来，在美国的大部分人口中，单亲母亲家庭的数量急剧增加。很多研究表明，单亲母亲家庭中的孩子和双亲家庭中的孩子在家庭资源和孩子成长方面都存在差距。关于孩子如何在不同的养育关系下生活的问题，有些偏离本书的重点。虽说如此，但的确有不少社会科学证据表明，与亲生父母一起生活的孩子往往发展得更好。例如，有一项使用了大规模、具有全国代表性数据的研究表明，继母通常不会像亲生母亲那样在继子女的健康上投入很多资源，即使在调整了家庭收入和其他相关特征后仍然如此。[20] 另一项大规模的研究发现，青少年在父母离婚、母亲再婚并有了继父后，其行为举止上的表现比一直生活在亲生父母家庭中的青少年要差，负面情绪也更多。[21] 这种情况还带来了生活环境的变化和不稳定的问题，一般认为儿童是很难适应的。2005 年，社会学家保罗·阿马托（Paul Amato）在《儿童未来》（*Future of Children*）杂志上发表了一篇文章。他认为，学术研究一致表明，再婚家庭的孩子往往表现出与单亲家庭的孩子相似的社会和行为问题，比生活在已婚亲生父母家庭中的孩子更严重。[22]

对于同性伴侣这个问题，如果婚姻带给孩子的好处仅仅来自这种安排带来的资源优势，那么双亲的性别无关紧要。一些人认为，与两个同性的成年人相比，由一个男人和一个女人抚养的孩子会表现得更好。但据我所知，并没有实证证据表明，由已婚同性双亲抚养的孩子在成就上与境况相似的已婚异性双亲抚养的孩子有什么不同。2013年，一些社会学家针对这个话题，以美国社会学协会（American Sociological Association）法庭之友的名义做了一份简报提交给最高法院。该简报的结论是：社会科学研究表明，在排除了社会经济地位和家庭稳定等因素后，在一系列全面的幸福指标上，生活在同性双亲家庭中的美国儿童与生活在不同性别双亲家庭中的儿童的表现一样好。[23]

在某些情况下，如果家庭中没有另一个双亲角色，孩子的生活会不会更好？

在本章的讨论中，我们把婚姻定义为一种制度，这种制度把父母中另一方（通常是父亲）的资源带入家庭当中。在我上面描述的模型中，强调了婚姻带给孩子的潜在好处（我和莱文中所谓的"婚姻对孩子的附加价值"）取决于资源情况。具体来讲就是，取决于母亲自己的资源和孩子的父亲带给家庭的资源。如果一个父亲不能给家庭带来任何正面资源（金钱或其他），那么婚姻就不会给家庭带来任何好处。如果父亲给家庭带来的是暴力、混乱或压力，那么婚姻的收益很可能是负的。

我们来考察犯罪父母受到监禁的情况。父母被监禁，显然是双亲角色或父亲角色缺失的一个极端例子。但这个例子在某些情况下和家中有第二位双亲角色时会不会更糟糕这个问题相关联。在两项最近的研究中，经济学家探讨了父母被监禁和孩子成长之间的因果关系[24]。他们研究了当父母被判有罪后，入狱和不入狱对孩子的不同影响。这些研究得益于一个事实——刑事罪犯会被随机分配给不同的法官，这些法官对于是否把罪犯送进监狱有不同的倾向。这些研究以刑事定罪为前提，研究了父母受到监禁和孩子成长之间的因果关系。

其中一项研究使用了俄亥俄州 30 年的行政数据，其结果于 2021 年发表在经济学领域最负盛名的学术期刊上。另一项研究（结果也于 2021 年发表在一本非常著名的经济学杂志上）使用了哥伦比亚的数据。两项研究都发现，被判有罪的父母如果入狱，对孩子的成长反而有正面影响。俄亥俄州的证据表明，父母被监禁和孩子的受教育表现及青少年早育之间没有因果关系（也就是说，既没有正面作用也没有负面作用）。但它揭示出，如果父母受到监禁（这些父母之所以被判监禁，是因为他们被随机分配给了倾向于把罪犯送进监狱的法官），他们的孩子在 25 岁前从事犯罪活动的可能性大大降低。对于这一发现，研究人员考虑过多种潜在的机制。证据表明，这可能源自一种威慑效应。另一项使用了哥伦比亚数据的研究发现，如果一个犯了罪的父亲被送进监狱（同样是由于被随机分配给特定的法官），孩子的受教育程度会提高。研究人员观察到，这些发现与之前的研究一致，即从家庭中移除有暴力倾向的父母或负面榜样，可以为孩子创造一个更安全的环境。研究人员还指出，在父母受到监禁后，孩子可能会被安置在另一个有更好的资源可以照顾孩子的人那里，比如孩子的祖父母那里。

这些关于父母受到监禁的研究，揭示出在一个非常特殊的情形下（即父亲犯罪的情况下），父亲角色的缺失和孩子成长之间的因果联系。尽管很重要，但我们不应该就此得出父亲角色的缺失对孩子影响的一般性结论。然而，这些研究告诉我们，在考虑婚姻、双亲家庭和共同抚养的好处时，不能忽略抚养环境和双亲资源的重要性。在后面的章节中，我讨论了一个正在进行的倡议，其目的是帮助孩子的父亲成为更好的父亲。其中一些措施专门针对曾经入狱的男性面临的困境。

总结

本章给出的数据和证据清楚地表明，已婚母亲的孩子和未婚母亲的孩子在成就上存在差距，而且这些母亲中包括受教育程度较高的女性。但如何才能缩小这些差距呢？提高未婚父母的结婚率在某些情况下可能对孩子有好处，但不能一概而论。如果某个未婚母亲没有结婚恰恰是因为父亲不能为抚养孩子提供有意义的资源，那么即使结婚，孩子也不会从中受益。我们观察到的已婚母亲的孩子和未婚母亲的孩子在成就上的差距，也不会因此缩小。

这就提出了一个问题，在美国，真的有40%新生儿的父亲无法给家庭带来任何正面的资源吗？在没有受过大学教育的母亲中，真的有70%的人和那些不能给家庭带来任何正面资源的男性生了孩子吗？如果对这些问题的回答近乎肯定，就不能再说单亲家庭不是社会问题了。更甚，它意味着这个社会问题已经远远超出了如何抚养孩子的问题，还涉及为什么这么多的男人不适合成为结婚对象或无法承担起父亲的责任。下一章会深入探讨，为什么没有受过大学教育的成年人的结婚率下降得这么严重。

第四章

适合（或不适合）
结婚的男人

"告诉你吧，只要我的工作时间多起来，我要做的第一件事就是找个自己住的地方。"

在剧集《火线》（*The Wire*）第二季第三集"毒"中，尼克·索伯塔（Nick Sobotka）对他的女友艾梅（Aimee）解释说，他需要在工会里承担更多的工作，这样就能负担得起一个住所，好让他们俩能带着女儿单独生活（他当时住在父母的地下室里）。

要想理解为什么生活在双亲家庭中的孩子占比越来越低，我们首先要弄清楚，为什么结婚的成年人越来越少。要想弄清楚为什么结婚的成年人越来越少，我们首先要探讨的是，（从统计学角度看）如今有哪些人更不容易结婚。这种讨论是有启发性的。统计数据上看显而易见——无论男性还是女性，未受过大学教育的成年人的结婚率都大幅下降，其降幅和受过大学教育的成年人相比更严重。经济因素推动了这些社会和人口方面的变化。它削弱了大批美国人在经济上的安全感，造成了社会隐忧，其中就包括结婚率下降、非婚生育现象增加，以及在没有双亲角色的家庭中长大的孩子越来越多。这些经济和社会因素还会相互强化——它们既反映了社会的不平等，同时也推动了社会的不平等。

从某些方面来说，如今结婚率下降的情况令人意外。因为和过去相比，如今的人们越来越容易和各种各样的人交往了。在线交友软件的激增不仅扩大了人们寻找伴侣时的交往范围（以前这个范围只限于他们在现实世界中遇到的人，比如学校、工作场合、教堂或酒吧），还创造了一个阐述清晰、公开透明的环境，每个人都知道你要找什么样的人。在1998年的电影《电子情书》（*You've Got Mail*）中，汤姆·汉克斯（Tom Hanks）和梅格·瑞恩（Meg Ryan）扮演的男女主角因为一封电子邮件而意外坠入爱河，上演了一场大胆而甜美的爱情故事。20多年过去了，电子邮件牵红线的故事演变成了一种目的明确的交友环境——用户根据彼此对长期亲密关系的共同兴趣（包括结婚的意愿），为潜在的交往对象排序。以前，我们可能会期待，随着近几十年来交友变得越来越简单，结婚率会因此上升，但事实证明其他的力量占了上风。

今天，美国成年人的已婚比例已经跌到历史最低水平。2020年，在30—50岁的成年人中，有60%的男性和63%的女性处于已婚状态。在1980年，这两个比例分别是79%和76%。可以看出，男性已婚比例减少了24%，女性已婚比例减少了17%。再往前追溯10年，这个比例更高——1970年这两个比例分别为87%和83%。成年人结婚率的下降反映了两个趋势，一是结婚的人越来越少，二是人们结婚越来越晚。（值得注意的是，结婚率的下降并不是离婚率的上升造成的。事实上，与20世纪80年代相比，如今的已婚夫妇离婚的可能性更小。）

当我和别人谈论我的工作和研究时，只要谈到推动这些人口变化趋势的原因，对方往往很快就会给出自己的理论。他们经常给出的解释是，年轻人把钱花在了教育和事业上，而不是婚姻上。他们的看法是，这些"有进取心的人"选择单身，为的是能更灵活地四处寻找工作机会，能在工作上投入更长的时间。（在这里我要承认，每次我在鸡尾酒会上或后院的亲友聚会上听到这样的说法时，都会忍不住核实一下事实。每当这样的时候，我丈夫总会用一种别样的目光看着我，看我能让一场关于社会和经济趋势的对话持续多久。因为我总会像教授一样插话道："呃，实际上，有数据显示……"）诚然，这种说法在一定程度上反映了现实趋势——受过大学教育的成年人确实会为了经济机会而四处奔波，他们也确实投入了更长的工作时间。但与受教育程度较低的人相比，他们保持单身的可能性实际上更小。对女性来说，

不结婚的社会

这种情况是对前几十年趋势的一个逆转。总体而言，现在拥有大学学位的男性和女性，比其他群体更有可能步入婚姻。

我描述的婚姻模式上的变化，都发生在20世纪60年代和70年代的文化变革之后。发生在这几十年间的社会运动像一座分水岭，把女性从传统的性别角色中解放了出来，她们对受教育程度和职业成就的渴望上了一个新的层次。这次社会运动对婚姻、生育和家庭生活产生了深远的影响。哈佛大学杰出的经济历史学家克劳迪娅·戈尔丁（Claudia Goldin）认为，在这几十年里，女性——尤其是受过大学教育的女性——开始意识到，她们的职业生命并非昙花一现，而是长期的、持续性的，她们的工作是她们职业身份的一部分，而不仅仅是补充丈夫收入的一种方式。[1]在这几十年里，已婚妇女出来工作的比例越来越高，受过大学教育的女性花时间攻读学位，因而推迟了结婚和生育的时间。

这一时期的文化变革为妇女在社会中发挥作用提供了很多机会，我本人也是其中的受益者。我是家族中第一个成长在这个时代的人；也正是在这个时代，女性开始有机会兼顾事业和家庭。我从小就喜欢读书，自信能考上大学，并拥有属于自己的事业。20世纪90年代中期，我在大学里遇到了我未来的丈夫，接着我们分别前往不同的城市，攻读研究生学位；最终，在我完成博士学位后，我们结婚成家。我的外祖母对我念这么多书感到很不理解。她生活在不同的时代，社会经济状况也不同。她是意大利移民的后代，在纽约市长大。她在八年级时终止了学业，20岁时嫁给了我的外祖父。她的兄弟姐妹及其子女和她住在同一栋公寓楼里。为了抚养孩子，她还要做针线活补贴丈夫的收入。（他们的生活方式是当时纽约许多意大利移民的典型生活方式。在纽约下东区的一座公寓博物馆中，可以看到不少当时的生活遗迹，非常奇妙。[2]）

在我和我的外祖母之间还有我的母亲。她们那一代人是在一套介于两者之间的社会规范和社会期望下成长起来的。她完成了高中学业，并在18岁时开始做秘书工作。她21岁时与高中时的恋人结婚，25岁时有了第一个孩子（也就是我）。在接下来的20年里，她成为家庭主妇，和丈夫一起抚养了四个女儿。她在家庭教师协会（PTA）做志愿者，还做一些兼职秘书的工作。她43岁时，四个女儿分别是18岁、14岁、12岁和8岁；这时的她又报名了当地一所公立学院就读，开始为成为教师而努力。她是先组建家庭，然后从事兼职工作；等到女儿们足够大了以后才开始上学，追求自己的教育事业。相比之下，我和几个妹妹都是20世纪90年

不结婚的社会

代及以后毕业的受过大学教育的女性，是克劳迪娅·戈尔丁称之为"兼顾事业和家庭"的一代人——我们先上大学，毕业后开始职业生涯，然后在30多岁时一边组建家庭，一边继续投身自己的事业。这种代际间的社会变化还在继续。我常常会想，我自己的孩子在婚姻和生育方面会做出什么选择。就像我父母生活的世界和他们父母不同那样，我的孩子生活的世界也与我成长时的世界大不相同。世界会继续变化，会继续影响人们对生活的选择。我们是时代的产物，也是我们成长过程中的经济和社会环境的产物。

在20世纪，经历了60年代和70年代的变革之后，80年代和90年代出现的经济和社会力量对不同群体产生了不同的影响。收入不平等问题愈演愈烈。拥有四年制大学学历的美国人过得非常好，但其他人就比不上了。结婚率进一步下降，但主要是那些没有大学学历的人的结婚率下降。[3]产生影响的这些经济和社会力量都是本书关注的重点。

结婚率一直在下降，其中降幅最大的是拥有高中或大专学历的人群。

在 20 世纪 60 年代和 70 年代的文化变革中，男性的结婚率下降了，但不同教育水平的男性结婚率的下降幅度相对一致。在 20 世纪 60 年代早期，在 30—50 岁的男性中，有 85%—90% 的人已婚。到 1980 年，这一比例降至 75%—80%。在整个 20 世纪 80 年代，高中学历的男性结婚率持续下降，高中以下学历的男性结婚率加速下降，大学学历的男性结婚率变化幅度则趋于平稳。精英阶层中的人结婚相对较多。图 4.1 是 30—50 岁男性的已婚比例，按受教育程度划分为 3 个档次。有高中或大专学历的男性结婚率现在已经降到和高中辍学者的结婚率相当的地步了。

图 4.2 是女性的对应数字。它显示出，从 20 世纪 60 年代到 1990 年，相较于拥有高中学历的女性，拥有大学学历的女性更不愿意结婚。然而，到了 20 世纪 90 年代中期，这些女性反而成了最愿意结婚的人群。在该图表中，20 世纪 80 年代再次成为转折点。虽然所有群体的结婚率都在降低，

不结婚的社会

但受教育程度较低的女性最不愿意结婚。

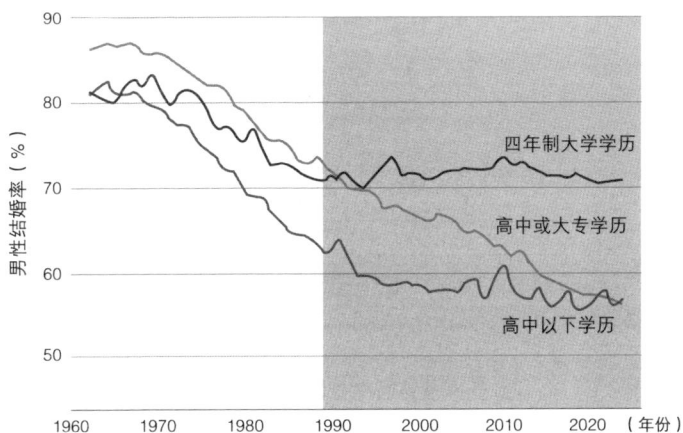

图 4.1 30—50 岁男性结婚率变化曲线（按受教育程度划分）

数据来源：1962—2020 年历年 3 月当期人口调查。

注：样本包括了 30—50 岁之间未在任何受控场所居住＊的男性，根据当期人口调查中的个人权重进行了加权处理。2020 年，在这三个受教育程度的群体中（高中以下学历，高中或大专学历，四年制大学学历），样本中的人数比例分别为 9%、52% 和 39%。

＊ 原文为 "noninstitutionalized men"，这里的场所一般指的是监狱、精神病院、养老院、收容所，甚至宗教场所等机构。——译者注

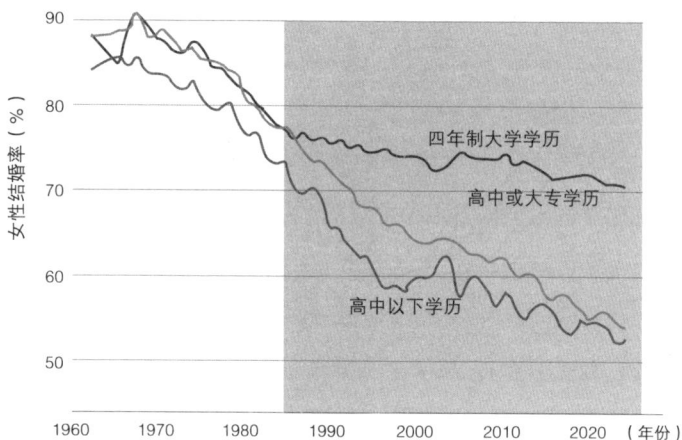

图 4.2　30—50 岁女性结婚率变化曲线（按受教育程度划分）

数据来源：1962—2020 年历年 3 月当期人口调查。

注：样本包括 30—50 岁之间未在任何受控场所居住的女性，根据当期人口调查中的个人权重进行了加权处理。2020 年，在这三个受教育程度群体中（高中以下学历，高中或大专学历，四年制大学学历），样本中的人数比例分别为 7%、47% 和 45%。

过去 40 年里，在大多数主要的种族和民族群体中，不同受教育程度群体的结婚率出现了明显的差距。

在美国大多数地区，某些群体总是比其他群体更难获得教育上的成就。这使得预测教育程度和结婚率之间关系的工作变得十分复杂。（本书第二章中已经给出了在同样的时间跨度、受教育水平下，女性结婚率的变化。）1980—2020年间，30—50岁的白人男性的结婚率从81%下降到65%（下降了20%），黑人男性的结婚率从60%下降到41%（下降了32%），拉美裔男性的结婚率从84%下降到55%（下降了35%）。亚裔男性的结婚率降幅不大，从81%降至75%。

结婚率下降的原因主要是没有大学学历的人结婚率下降。但不同受教育水平对应的结婚率下降，在四个主要的种族和民族中的表现略有不同。图4.3显示了1980年和2020年，按受教育程度和种族或民族划分的男性结婚率的变化情况。在1980年，不同教育群体的黑人男性和白人男性结婚率大体相当。但现在的情况变了，在2020年，无论是黑人男性还是白人男性，拥有大学学历的男性结婚率都比没有大学学历的男性高得多。

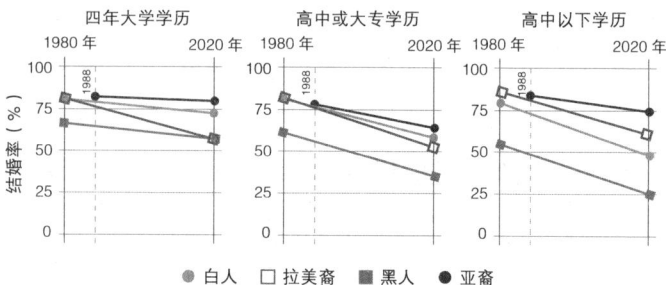

四年大学学历　　　高中或大专学历　　　高中以下学历
1980 年　　　　2020 年　1980 年　　　　2020 年　1980 年　　　　2020 年

结婚率（%）

● 白人　□ 拉美裔　■ 黑人　● 亚裔

图 4.3　1980 年和 2020 年 30—50 岁男性的结婚率
（按种族和教育水平划分）

数据来源：1980 年、1988 年、2020 年 3 月当期人口调查。
注：除了亚裔，其他种族和民族的数据来自 1980 年和 2020 年当期人口调查中的
数据。亚裔数据则来自 1988 年的当期人口调查中的数据，而不是 1980 年的，因
为从 1988 年开始，亚裔的数据才单独列出。样本包括 30—50 岁之间未在任何
受控场所居住的男性，并根据个人权重进行了加权处理。

　　就拉美裔和亚裔男性而言，他们的结婚率和受教育水平
之间呈现一种 U 型关系。2020 年，在拉美裔男性中，没有
高中学历的人和拥有四年制大学学历的人的结婚率大致相当
（分别为 60% 和 57%）；而拥有高中学历的人的结婚率较
低（52%）。在亚裔男性中，拥有四年制大学学历的人的结
婚率为 79%，没有高中学历的人的结婚率为 73%，都高于
拥有高中学历的人的结婚率（65%）。这种 U 型模式很大程
度上是移民中受教育程度较低的人结婚率高造成的。事实上，

　　　　　　　　　　　　　　　不结婚的社会

如果只看本地出生的拉美裔和亚裔男性，那么他们的结婚率和受教育程度的关系则呈台阶式下降，而不是 U 型。

30 多年前，威廉·朱利叶斯·威尔逊研究了男性的"适婚力"与结婚率之间的关系。他关注的重点是黑人与白人之间的差异。

1987 年，社会学家威廉·朱利叶斯·威尔逊（William Julius Wilson）写了一本影响深远的书《真正的弱势群体：城市中心区、下层阶层和公共政策》（*The Truly Disadvantaged: the Inner City, the Underclass, and Public Policy*）。他在书中呼吁人们关注 20 世纪 60 年代和 70 年代美国城市黑人家庭中，单亲母亲家庭比例不断上升的问题。[4] 威尔逊认为，社会中某些群体的结婚率低，可能反映出这些男性在经济上的"适婚力"（marriageability）低。这一假设的基本前提是，男性如果没有稳定工作，不能带来持续、体面的收入，在公众看来就不适合结婚，即缺少"适婚力"。威尔逊认为，这一现象可以部分解释当时美国城市黑人家庭中单亲母亲家庭越来越多的现象。

威尔逊提出了一个概念，他称之为"适婚男性群体指数"（marriageable men pool index），指的是，在某一种族的某一年龄段中，每百名女性对应的就业男性人数。根据威尔逊的计算，在 20 世纪 50 年代和 60 年代，黑人和白人的这一指数差不多。但从 20 世纪 60 年代开始，黑人和白人的这一指数就出现了差异。到 20 世纪 70 年代末，黑人中每百名青年女性对应的就业青年男性仅为 40 人，而白人的这一对应比例为 63 人。从这一简单的指标可以看出，经济和社会中的一系列挑战（比如歧视、监禁以及死亡率等因素）不成比例地影响着黑人男性，导致了他们的低就业率。威尔逊向《华盛顿邮报》的一位记者这样描述他的学术发现："适婚黑人男性数量的减少似乎可以部分解释黑人群体中非婚生育和单亲家庭数量的增加。"[5]

社会学家凯瑟琳·埃丁（Kathrin Edin）和玛丽亚·卡法拉斯（Maria Kafalas）最近的研究结果印证了这一关于男性"适婚力"的理论。在 2005 年出版的《我能信守的承诺：为什么贫穷女性把做母亲放在结婚之前》（*Promises I Can Keep: Why Poor Women Put Motherhood before Marriage*）一书中，两位学者对单身母亲的个人状况进行了深入的调研。[6]她们采访了 162 位单身母亲，询问她们对婚姻和孩子的看法。

埃丁和卡法拉斯在书中指出，许多女性不和孩子的父亲结婚，是因为在她们看来，孩子的父亲无法提供安全可靠的经济来源。根据和受访女性的谈话，作者得出结论：这些女性通常不是因为拒绝婚姻制度或婚姻概念而逃避婚姻。相反，她们中的许多人对配偶的要求比她们当前的伴侣——以及她们孩子的父亲——所能达到的高度要高。

在威尔逊的书出版了30多年后，他当年观察到的男性在经济上的挣扎与双亲家庭解体之间的联系，已经远远不限于居住在城市社区的黑人家庭了。风险投资家 J. D. 万斯（J. D. Vance）在 2016 年出版的回忆录《乡下人的悲歌》（*Hillybilly Elegy: A Memoir of a Family and Culture in Crisis*）中写道，威尔逊对 20 世纪 60 年代和 70 年代城市黑人家庭的观察，似乎就发生在他这个生长于俄亥俄州乡下的白人男孩身上。万斯描写了他童年时期经历的贫困、社会孤立、家庭动荡和暴力，以及生活在美国阿巴拉契亚地区贫穷的白人邻居们的生活。万斯把他童年的经历和威尔逊的观察联系了起来。他写道："威尔逊的书深深地吸引了我。我当时想写信告诉他，他的书完美地描述了我的家乡。然而，他的书能让我如此地感同身受也很奇怪，因为他的书不是在讲阿巴拉契亚地区的移民——而是贫民区的黑人。"[7]

男性收入下降的地区，结婚率也在下降。

20世纪80年代以来，经济潮流更青睐拥有大学学历的劳动者，这使得没有大学学历的人很难在劳动力市场上找到一份稳定的高薪工作。没有大学学历的男性收入停滞不前，就业率下降。与此同时，无论受教育程度如何，女性的平均收入都在增加。这一变化使许多男性失去了家庭经济支柱的传统地位。一言以蔽之，他们不再是理想的结婚对象。

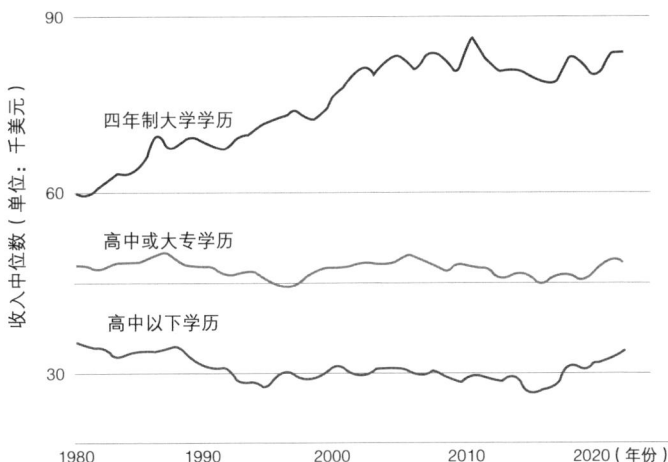

图 4.4　30—50 岁男性的收入中位数（按教育水平划分）

数据来源：1962—2020 年历年 3 月当期人口调查。

注：样本包括社会上 30—50 岁之间未在任何受控场所居住的男性。他们自述每周通常工作至少 35 个小时，在过去一年中至少工作了 40 周。数据根据个人权重进行了加权处理。收入数值按 2018 年美元可比价格计算。

　　图 4.4 显示了 30—50 岁全职工作的男性全年收入的中位数。从图中可以清楚地看到，拥有大学学历的男性劳动者的收入中位数自 1980 年以来一直呈上升趋势，和女性工资的上升趋势一样（以 2018 年美元可比价格计算，这种比较方法消除了通货膨胀的影响）。在这 40 年中，以实际价值计算，他们的工资从每年约 60300 美元增加到每年约 83800

美元。而没有大学学历的劳动者的收入就不是这样了。在拥有高中学历的男性劳动者中，收入中位数几乎没有变化，从1980年到2020年都是略低于49000美元。在没有高中学历的男性劳动者中，收入中位数从每年35400美元略微下降到34000美元。对于没有大学学历的男性而言，雪上加霜的是，他们比20年前和40年前更难找到工作，这使得他们的相对经济地位变得更糟糕。而受过大学教育的男性的就业率并没有明显下降。

男性的经济收入和婚姻状况具有惊人的相关性。1980—2020年间，结婚率下降幅度最大的是未受过大学教育的男性，而这一群体也是收入停滞不前、就业率下降的群体。与此同时，受过大学教育的男性的结婚率几乎没有下降，而这一群体也是就业率较高、收入在增长的群体。

如果我们按照受教育水平和种族或民族的划分进一步分析这些数据会发现，在更小的群体中，教育水平和婚姻状况之间的这种对应关系仍然存在。比如，受过大学教育的亚裔男性、白人男性和黑人男性，在过去的40年里，收入中位数的增幅都是最大的（增幅大小按表述顺序排列）；这些人的结婚率降幅也最小。而在另一端，有（或没有）高中学历的拉美裔男性、白人男性和有高中学历的黑人男性，在这一

　　　　　　　　　　不结婚的社会

时期收入中位数的增幅最小；这些人的结婚率降幅最大。

对于没有大学学历的亚裔男性，他们的结婚率和收入之间的关系不符合上述趋势。在过去40年里，有（或没有）高中学历的亚裔男性的收入中位数增幅很小；但他们的结婚率也只下降了一点。为什么教育水平较低的美国亚裔成年人，没有像同样教育水平较低的白人、黑人和拉美裔那样逃避婚姻？这是一个非常有趣的问题。不幸的是，我没有答案。我估计这一现象可以从文化或社会学的角度加以解答，但这纯粹是一种推测，需要具体研究。

对1980—2020年间男性的收入情况进行分析，可以让我们对婚姻的价值——也就是男性为婚姻或家庭带来的资源——产生一定的理解。不过，要想全面理解婚姻的价值，我们还必须考虑女性自己能挣多少钱。毕竟，如果婚姻对孩子的主要好处在于增加抚养孩子的资源，那么如果双亲中的一个，比如母亲，自己挣的钱已经足够抚养孩子了，那为什么还要双亲呢？这种看法和我在前一章从资源的角度出发，论述的那个"婚姻对孩子的附加价值"的模型有关：双亲家庭对孩子的好处取决于母亲自身能为孩子提供多少物质上的支持，第二位双亲角色（通常是孩子的父亲）能为家里带来多少资源，以及这些资源如何转化为孩子的经历和成就。当我们更从大体上思考婚姻的价值时，就必须考虑配偶能为婚姻带来多少资源，以及在没有配偶的情况下，女性自己能提供多少资源。

因此，当一个女性考虑是否要与某个男性结婚时，从她的角度看，"婚姻的收益"不仅取决于男性能带来多少资源，也取决于如果她选择工作，她自己能获得多少资源。这是在经济学上建立婚姻模型的标准方法。（我知道，从经济学的角度看待婚姻显得不近人情，而且偏向异性恋者——这些批评都是对的。但为了从人口层面了解总体趋势和婚姻模式，我们就需要采用这种概括性的方法。）当然，婚姻的价值也可能是——甚至更可能是——爱和陪伴。但这并不能否认，从社会现实和抚养孩子的角度看，婚姻也是一种经济制度。不妨回忆一下我们前面介绍的关于婚姻的经济学框架：婚姻是两个人之间的一项长期契约，目的是整合资源、分担责任。

我们可以在这一经济学框架内，分析在 1980—2020 年间，相比于男性的收入，女性自己的经济前景（同样以收入来衡量）是如何变化的。这是一种有启发性的思考方法。在20 世纪 90 年代和 21 世纪最初十年，在受过大学教育的劳动者中，女性的收入约为男性的 70%（按收入中位数计算）。[8]

（在此之前，在20世纪80年代，这一比例接近65%。）2013—2020年间，这一收入占比小幅上升至76%。也就是说，受过高等教育的女性的收入大约是受过高等教育的男性的四分之三。这和人们普遍认为的差不多。

与此同时，在没有受过大学教育的成年人中，男性和女性之间的收入差距已经大幅缩小。在只有高中学历的劳动者中，女性相对于男性收入中位数的占比从1980年的54%上升到2020年的74%。1980年，受教育程度较低的女性的收入约为受教育程度相似的男性的一半。而从1980年开始，女性与男性工资中位数之比从1980年的57%上升到2020年的71%——这一变化比受教育程度较高女性的收入变化更明显。换句话说，在未持有四年制大学学位的劳动者中，男性和女性的收入差距大幅缩小（主要是因为女性收入增加而男性收入停滞不前），这在经济上缓解了一些女性结婚的迫切性（和必要性）。

这些经济上的理论都假设，人们倾向于和教育水平相等的人结婚（通常是这样的），并且认为男性是养家糊口的人，至少在婚姻中是经济上的贡献者。当然，这里还有一种选项，就是男人可以回归家庭，做贤内助。当男人养家糊口的角色受到冲击时，他们可以选择不从婚姻中撤退，而是把挣钱养家的角色交给妻子，自己回归家庭，承担起照顾孩子的角色（至少在异性婚姻中可以如此）。据说，这种情况正在一些家庭中发生。虽然我不否认，这种角色的转变在未来可能会越来越普遍，但在美国文化中，我们似乎还没有走到这一步。现有的证据表明，当男性的主要经济地位被削弱时，结婚率就会下降——也就是说，男性就会退出婚姻。与此相关，2015 年的一篇经济学论文提供的证据表明，大多数婚姻仍然符合传统的性别模式。因此，在具有代表性的全国性数据中，我们可以看到以下模式——妻子的收入往往不会超过丈夫，而当她们的收入超过丈夫时，离婚率就会增加。这项研究提供的证据还表明，如果人们普遍预期丈夫要比妻子挣得多，那么不仅会影响现有的婚姻，也会影响未来的婚姻——在女性收入可能高于男性的地方，结婚率就会下降。[9]

研究已经证实，男性经济地位下降与结婚率下降之间存在因果关系。

在没有受过大学教育的男性中，经济地位的下降与结婚率的下降之间在统计上的相关性是很明显的。然而，要在这一群体的经济地位下降和结婚率下降之间建立因果联系，还需要进行更多的数据统计工作。简单地把高收入和低收入男性的结婚率进行比较，然后就得出结论说，高收入是高收入男性结婚率更高的原因，很容易造成误导。因为事实很可能是，高收入男性有一些其他的人格特征，使他们在职场和婚姻市场上都更成功，他们的结婚率因此也更高。这些人格特征就是经济学家所说的"未被观察到的混淆因素"，即某个因素与考察中的因果关系高度相关，却不一定能显现出来或者被观察到。一般来说，一个非常负责任的男人更有可能既有一份稳定的高薪工作，又是一个好丈夫。因此，我们不能简单地将高收入男性的结婚率与低收入男性的结婚率进行比较，然后将结婚率的差异归因于收入上的差距。

同样，即便在不同的地区看到这种相关性，我们也不能因此简单地归因。比如，我们在数据中看到城市 A 有很多高收入的男性，结婚率很高；而在城市 B，有很多低收入的男性，结婚率很低。但我们不能说，城市 A 的男性工作机会好，因此结婚率更高。因为事实很可能是，城市 A 培养或吸引了负责任的男人，而城市 B 培养或吸引了不那么负责任的男人。也许城市 B 有更多的娱乐设施，比如酒吧或赌场，吸引了不那么负责任的男人；而城市 A 有一种特殊的文化，以某种方式促进了人们结婚。要想知道城市 A 的男性结婚率更高是不是因为城市 A 的男性经济收入更高，还需要研究人员进一步去确定这种因果关系。

经济学家总是执迷于因果关系。研究和证明因果关系是极其困难的，尤其在亲密关系和婚姻这样复杂而微妙的领域更是如此。不过，在 2018 年，一组美国经济学家在一项研究中攻克了这一"识别问题"（identification challenge，这是实证经济学家的术语），证实了男性经济地位下降与结婚率下降之间存在因果关系，并为此发表了一篇非常巧妙的论文。作者对几十年来美国制造业城市中未受过大学教育的男性由于进口产品的冲击而受到的影响进行研究，由此证实了这一论点。2000 年后，美国开始迅速进口一系列以前在美国国内（以更高成本）生产的产品。这一趋势极大地改变了美国一些地区男性的经济前景，在有些地区尤其严重。有很大一部分劳动力原本在这些产品制造领域从业，现在他们的收入和就业率都下降了。这种外在的变化——不是居住在这个地区男性的类型发生变化，而是这个地方的经济形势发生变化——推动经济学家从统计学上研究，男性的经济前景是否会导致结婚率的变化。最终的答案是肯定的。

这些经济学家在 2019 年发表的一篇题为《当工作消失

时：制造业衰退和年轻男性在婚姻市场上的贬值》（*When Work Disappears: Manufacturing Decline and the Falling Marriage Market Value of Young Men*）的论文中发表了他们的研究成果。这篇论文的题目明显借用了威廉·朱利叶斯·威尔逊 1996 年出版的《当工作消失时：城市新穷人的世界》（*When Work Disappears: The World of the New Urban Poor*）一书的名字。[10] 他们的研究表明，贸易导致男性的收入相对下降，从而造成结婚率下降以及未婚母亲的比例上升。此外，它还导致收入低于贫困线的单亲母亲家庭中的儿童比例增加。

说明男性经济地位下降与结婚率之间存在因果关系的另一个证据，来自 2021 年的一项研究。这项研究表明，在本世纪头十年，由于工业机器人的广泛使用，未受过大学教育的男性的收入和就业减少。[11] 在美国的许多制造业城市（不一定是那些受到进口商品影响的制造业城市），人们在生产车间中越来越多地使用工业机器人。在相关行业的从业者中，没有受过大学教育的男性受影响严重，收入降低，就业率也降低了。这项研究证实，使用工业机器人对相关行业和地区工人的就业和收入产生了负面影响，对男性的影响比对女性的影响更大。该研究还表明，受到工业机器人影响的地区，随后出现了结婚率下降和非婚生育比例增加的情况。这两项最近的研究都提出了非常令人信服的理由，即男性经济地位下降导致结婚率下降，也导致生活在没有父亲的家庭中的儿童比例上升。

大量使用尖端统计技术的研究都证实，经济运行趋势削弱了没有大学学历的男性的地位，进而导致结婚率下降和单亲母亲家庭增加，两者之间在统计上存在因果关系。这样的故事对那些生长于美国的制造业城市、受到全球化冲击的人来讲，并不陌生。奥瑞恩·马丁（Orion Martin）曾在大学和职业联盟打橄榄球。他在 2009 年结束职业生涯后不久，去弗吉尼亚州马丁斯维尔市（Martinsville）担任高中橄榄球教练。马丁斯维尔市距离北卡罗来纳州的南部边境 15 英里，在 20 世纪是制造业基地，专门生产家具和纺织品。著名的巴西特家具公司（Bassett）就是 20 世纪初在这一带成立的；20 世纪 40 年代，杜邦公司（DuPont）还在这里建起了一家大型尼龙制造工厂。马丁回忆说，"在过去那些黄金岁月里"，男人们高中毕业后会去巴西特工厂、杜邦工厂或城市中其他规模小一些的工厂工作。这些工作收入丰厚，足能养活一个中产阶层家庭。

但这一切在 20 世纪 90 年代都变了。马丁的父亲也在马丁斯维尔长大。据他父亲回忆，这座城市当年曾经吹嘘自己

　　　　　　　　　　　　　不结婚的社会

是美国人均百万富翁最多的城市，是经济增长和向上流动的桥头堡。（注：我没有核实过这种说法，不过今天再也不会有人这样吹嘘这座城市了。）20 世纪 90 年代不断变化的全球经济格局使马丁斯维尔市的大部分制造业难以为继。许多工厂关闭，工人们被解雇，一条很有前途的经济上升管道消失了。这条管道曾经让许多当地的年轻人在高中毕业后，就能够稳定地过上中产阶层的生活。在 21 世纪的第一个十年，贫困和失业现象大面积出现。马丁在家乡的高中橄榄球队执教时估计，在 60 个左右的男孩中，只有 5 个男孩的家里有父亲。

马丁在这座城市里观察到，制造业工作岗位的减少和单亲母亲家庭比例的上升存在关联。他观察到的这种联系已经在大规模的数据集中得到了证实。除了对进口产品冲击本土制造业及工业机器人广泛使用问题展开研究之外，2016 年的另一项研究对 1997—2011 年全国青年长期追踪调查中的成年人数据进行了分析。结果显示，如果一个地区有更多的工作岗位，能够让高中毕业的年轻人挣到高于贫困线的工资，那么这个地区的人就更有可能在生孩子之前结婚。[12] 2022 年的另一项研究调查了 1960—2010 年美国制造业就业岗位的减少造成的一系列经济和社会后果，其中也包括对美国白人和黑人的影响。[13] 这项研究分析了全国制造业的就业趋势对制造业就业水平曾经较高的地区造成的冲击。为了了解这种实证方法是如何运用的，我们再来考察两个城市，此处将它们称为 A 城市和 B 城市。开始时，A 城市只有一小部分成年人在制造业工作，而 B 城市则有很多人在制造业工作。在接下来的几十年里，国家经历了制造业工作岗位的全面流失。由此可以比较 B 城市成年人的生活变化和 A 城市成年人的生活变化有什么不同。这项研究根据 1960 年、1970 年、1980 年、1990 年和 2000 年美国人口普查的数据，以及 2009 年、2010 年和 2011 年美国社区调查的数据，从统计上详细描述了特定地区制造业工作岗位的减少——这是由全国性的趋势导致的，而不是由该地区发生的具体事件导致的——与结婚率以及单亲母亲家庭比例变化的关系。

研究发现，不管是对白人还是对黑人而言，美国制造业工作岗位的减少都会导致工资下降、就业率下降、结婚率下降、收入不平等加剧，以及其他一系列的不利影响。这项研究还发现，对黑人女性而言，一个地区制造业工作岗位的减少会导致结婚率下降，单身母亲、少女母亲增多，贫困率上升，还会产生其他不利影响。对于白人女性而言，单身母亲和贫困率同样会有所增加。这项研究接着分析了儿童受到的附带影响——对于黑人和白人儿童而言，一个地区制造业工作岗位的减少会导致单亲家庭儿童比例的增加和贫困率的增加。研究还发现，与白人相比，黑人受到的不利影响更大，这表明制造业工作岗位的减少加剧了生活中的种族差异。此外，这项研究还表明，全国范围内制造业工作岗位的减少在多个方面增加了不平等——在白人成年人和黑人成年人之间，以及在白人和黑人内部，都扩大了社会经济地位的差距。

马丁告诉我，在他的家乡，单亲母亲们工作很辛苦，但往往很难阻止孩子们学坏。他的球员们在晚上经常没有大人看管，常常会"做蠢事"，有时会把自己送进监狱，甚至更糟。在马丁成长的制造业城市中，经济形势导致人们失业，越来越多的孩子由单亲母亲抚养，导致孩子（尤其是男孩）生活艰难。他讲述的这个故事，是学者们从全国性的、具有代表性的数据集中得出的结论在现实中的版本。

我们生活在一个恶性循环当中——经济运转趋势削弱了没有受过大学教育的男性的经济地位，这股力量正在对家庭和孩子的成长产生更广泛的、多方面的影响。这些受到影响的儿童处于不利地位，很难健康成长。家庭结构的变化加剧了不平等，并把这种阶层差距一代一代地固化并传递下去。

这就是今天家庭经济的核心趋势，也是贯穿本书所有章节的关键线索。

早期的研究也给出了确凿的证据，证明"适婚男性"的减少也会导致结婚率的下降。2010 年的一篇论文发现，由于政策转变，被监禁的男性人数增多，结果就是，在受此影响的婚姻市场上，结婚率下降。[14] 简单来讲就是，监狱里的男人多了，结婚的男人就少了。研究人员发现，20 世纪 80 年代和 90 年代严厉的司法判决标准导致更多的黑人男青年入狱，间接造成了黑人女青年的结婚率下降。过去 40 年的经济趋势，使没有受过大学教育的男性处于不利地位。但这是一个影响所有人的趋势。美国黑人悲惨的高监禁率是一个虽与此相关但完全不同的困境。不过，监禁率的确是一个重要的社会因素，它在影响所有人的经济趋势以外，放大了黑人家庭面临的挑战。

男性收入相对于女性收入的下降，也会导致结婚率下降。在经济学文献中，标准的婚姻模型认为，随着女性工资相对于男性工资的上涨，结婚率将降低，因为婚姻带来的回报降低了。[15] 这意味着女性从婚姻契约中得到的收益减少了。由此可见，女性工资的相对增加将导致结婚率下降，离婚率增加，因为女性的"外部选择"更多了。[16] 经济学理论预测，当女性靠自己的力量能够挣到更多的钱时，她们更有可能放弃结婚。

经济学家纳马·舍恩霍（Na'ama Shenhav）在 2021 年的一项研究中，为这一预测提供了实证支持。[17] 1980—2010 年，女性的工资相对于男性增长了 20%。舍恩霍考察了在这一时期内，男性和女性在他们各自主导的行业和职业中，面临的不同工资变化：在男性更有可能从事的行业中，工资下降，而在女性更有可能从事的行业中，工资上涨。她用细致的实证研究证明，女性相对工资的增加会减少婚姻的数量。首先是首次结婚的比例有明显下降，其次是离婚率增加。女性的相对工资每增长 10%，未婚女性的比例就会增长 3.1%，离婚女性的比例就会增长 1.7%。舍恩霍还发现，受教育程度较低并且较年轻的女性，在决定首次步入婚姻时，受相对工资的影响更大。1980—2010 年间，在结婚率下降的原因调查中，有 20% 是因为相对工资的提升。舍恩霍还十分严谨地考察了相对工资提升导致的结婚数量下降，是否被同居数量的增加所抵消。但她发现并非如此。她的分析显示，在相对工资较高的女性中，65% 没有结婚的女性选择与女性室友住在一起或独自生活。

解决了适婚男性减少的问题，结婚率就能提高吗？

多年来，每当我参加学术研讨会或政策研讨会讨论双亲家庭比例下降的时候，我都会推测，如果改善受教育程度较低的男性的经济状况，就有可能扭转这一趋势。我对这个问题的思考很大程度上受到了我在本章中介绍的那些研究的影响。这些研究共同指出，男性经济地位的下降（不管是绝对的还是相对的）会导致相关群体的结婚率下降。如果没有受过大学教育的男性经济地位的下降推动了这些趋势，那么人们可以合理地得出结论，改善受教育程度较低的男性的经济地位应该有助于扭转这些趋势。

总之，这就是我当时的想法。然而，在我研究了最近男性就业和收入的增加对家庭形成的影响之后，我的想法改变了。我的研究结果对改善男性经济地位必然会提高结婚率的思路提出了挑战。在 21 世纪的第一个十年，随着水力压裂技术的迅速推广，页岩油的开采为美国的一些城镇带来了繁荣。如果没有这项技术，这些城镇本来不会出现这样的经济繁荣。这就为我们提供了一个难得的机会，看看那些没有四年制大学学历的男性在经济前景改善之后，非婚生育的比例是否会下降。我和莱利·威尔逊（Riley Wilson）合著了一本书，介绍了我在 2018 年开展的这项研究工作——我们利用页岩油开采造成的经济繁荣来测试我们的"适婚男性逆转"假说，看看适婚男性增多是否会带来结婚率的上升。[18] 我之所以称其为"适婚男性逆转"假说，是因为这项研究的重点是，男性经济地位的提高是否会导致结婚率上升和非婚生育减少——这实际上与威廉·朱利叶斯·威尔逊关于"适婚男性减少"的假说正好相反。这项研究的机会难得。因为近几十年来，大多数的长期变化——包括进口的增加、工作场所机器人的采用、工会代表性的下降——削弱了美国那些没有四年制大学学历的男性的经济地位，而且没有任何逆转的迹象。页岩油开采带来的繁荣，以及这种繁荣对男性的工资和经济地位的影响是一个明显的例外。

在乡村地区，人们利用水力压裂技术从地下岩层中提取石油和天然气，为社区带来更多的就业机会和更高的收入。一个地区能否做这件事，完全取决于它地下有没有这种岩层，这完全是由当地的地理条件决定的。从计量经济学的角度看，这种限制创造了一个完美的实验环境——没有任何其他因素可以解释，为什么一个地方的地质条件可以在 2005 年左右突然改变了这个地方的家庭结构和生育状况。我们在这些方面看到的任何变化，大概率都只能归因于页岩层的地质条件在水力压裂技术的发展带来的经济变化上。

研究发现，1997—2012 年间，当地对页岩油的开采（这是随机发生的，或者至少部分是由当地的地质条件决定的）促进了未受过大学教育的男性的就业率和收入的增加——不仅是在石油和天然气开采行业如此，在其他行业也是如此。这与页岩油开采会创造广泛就业机会的预测一致。虽然没有受过大学教育的女性在就业方面没有明显的增长，但数据显示，这些女性的收入也有所增加，但（平均而言）仅为没有受过大学教育的男性的一半。

我和威尔逊调查了没有受过大学教育的男性在就业和收入方面的改善——无论是绝对的改善，还是相对于女性收入的改善——是否导致年轻人（18—34 岁）结婚人数的增加，或者未婚女性生育比例的下降。[19] 我们的第一个发现是，当地页岩油开采带来的繁荣的确导致生育总数的增加，大约每1000 名妇女多生了 3 个孩子。这一结果与一些早期的研究结果一致，即当收入或财富增加时，人们往往会多生孩子。[20] 为什么收入增加会导致人们多生孩子？这里的原因不可一概而论，但简而言之，研究的结论就是，大多数人都想要孩子，

　　　　　　　　　　　不结婚的社会

但养孩子很花钱。所以，当收入增加时，人们更有可能多要一个或多个孩子。这一发现是我们研究的一个重要收获，但并不是研究的重点。我们想知道的是，当男性的工作机会增加、收入更高的时候，未婚女性的生育比例会如何变化。

令我们惊讶的是，页岩油开采带来的繁荣使生育率增长，这种情况在未婚父母和已婚父母群体中都同样出现了。我们的"适婚男性逆转"假说原本预测，男性经济条件改善会导致结婚率上升、非婚生育比例下降，但这种预测并没有得到数据的支持。更多的婴儿出生了，但对婴儿的父母情况进行统计后发现，未婚父母的占比基本没有变化。尽管页岩油的开采提高了男性的就业率和收入，进而提高了生育率，但它对18—34岁的成年人在不同婚姻状况上的比例（新近结婚、未婚以及已婚）没有任何影响。[21]离婚率和同居率也没有任何变化。

我们不禁要问，为什么会这样？如果非婚生育的趋势与男性经济地位的下降密切相关，那么当他们恢复了先前的地位，难道不会——至少在一定程度上——回归到他们之前的婚姻和生育模式上吗？一种可能是（无论在过去还是现在），围绕生育和婚姻的社会规范已经发生了很大变化，以至于即使男性有了一份高薪工作，即使双方有了一个孩子，双方仍然不觉得有必要，或者有意愿结婚。

对于社会规范，在这里简单地说就是，人们对婚姻和生育的看法会受到周围人的影响。人们对待家庭和婚姻的看法，反映了他们成长地区的主流社会规范。这一点很难得到社会学家的证实，但恐怕符合大多数读者的直觉。协助我写这本书的研究助理——目前是马里兰大学的经济学博士生——在宾夕法尼亚州的一个乡村小镇长大。她的大多数高中朋友仍然住在那里，现在都已经结婚生子了。在协助我写这一章的时候，她告诉我，她和男朋友一直在谈论婚姻和孩子，结果发现他们对结婚的合适时间（和年龄）有不同的看法——这反映了他们成长的环境非常不同。她说："当我回到家乡，看到朋友们的孩子都上小学了，我会觉得自己老了。但我会马上提醒自己，我才 26 岁。"在她的家乡，贫困率为 23%。25 岁及以上的成年人拥有大学学历的比例为 35%。相比之下，她的男朋友在新泽西州的一个高收入城镇长大，那里的贫困率只有 5%，大学毕业率高达 62%。他高中时代的朋友和熟人都还没有孩子，他也不记得谁在高中时就生了孩子或因怀孕而辍学。他们童年的成长环境和朋友的生活方式塑造了他们对婚姻和生育的看法。对我们大多数人而言，我们的经历都差不多——要么遵从朋友或家人们的主流社会规范，要么非常刻意地、不走寻常路地逆潮流而行。

为了调查社会规范是否能解释页岩油开采带来的繁荣对家庭构成的影响，我和威尔逊进行了进一步研究，面对突如其来的经济冲击，非婚生育比例不同的地区对这些冲击的反应是否也不同。结果显示，确实不同。如果一个地区在页岩油开采前很少有非婚生育，那么在页岩油开采后，也只是已婚妇女的生育率大幅上升，而非婚妇女的生育率并没有。而在页岩油开采前非婚生育比例相当大的地方，在页岩油开采后，已婚妇女和未婚妇女的生育率同样上升。

为了进一步研究社会规范对生育的影响，我和威尔逊重新回顾了 20 世纪 70 年代和 80 年代阿巴拉契亚地区煤炭开采业的繁荣和萧条，并观察这一时期的经济和家庭结构的变化。煤炭开采带来的繁荣和现在页岩油开采带来的繁荣类似。但它发生在非婚生育不流行，也不太被社会接受的时期。一项发表于 2013 年的早期经济学研究显示，20 世纪 70 年代和 80 年代煤炭开采带来的繁荣和萧条，导致美国阿巴拉契亚煤矿地区的男性收入先增后减，并导致已婚夫妇的生育率出现了同样的先升后降的模式。[22] 发现这一点的研究人员用一个有趣的短语概括了他们的研究—— 孩子是"普通商品"吗？也就是说，孩子是那种人们的钱越多、拥有得就越多的东西吗？对于矿区小镇的已婚夫妇来讲，答案似乎是肯定的。我和威尔逊重新分析了他们工作和生活的数据，以确定当未婚夫妇的收入因煤炭开采带来的繁荣而增加时，是否会多生孩子。与我们在页岩油开采带来的繁荣中发现的不一样，答案是否定的。但几十年前煤炭开采导致男性收入增长时，确实也带来了结婚率的上升。

20世纪70年代煤炭开采带来的收入增加，和21世纪第一个十年页岩油开采带来的收入增加，在家庭结构和生育模式上带来了不同的变化。这和社会规范会影响人们对婚姻和生育看法的观点是一致的。在过去，当非婚生育还不流行的时候，夫妇们会通过结婚来应对收入增加。如果结了婚，他们就会生更多的孩子。非婚生育的比例并没有增加；在当时的社会规范下，女性不会做这样的事。而在后一个时期，随着经济的繁荣，已婚生育和非婚生育都有所增多；而且后一个时期的经济繁荣并没有带来结婚率的上升。

虽然这不是确定性的，但这一证据表明，社会规范确实发挥了重要作用，影响了人们面对经济变化时的反应。我们的研究表明，在一个非婚生育比例越来越大的时代，可能不会有回头路——或者说，至少单靠经济方面的变化是不够回头的。我和莱利·威尔逊的研究，以及其他人的研究都表明，受教育程度较低的男性经济前景的改善不会导致结婚率及已婚双亲家庭比例的上升。然而，至关重要的是，这一事实并不是说，这些男性在过去40年中经济地位的下降，不是导致非婚生育率上升和总体结婚率下降的主要原因。有证据表明，在过去的几十年里，未受过大学教育的男性收入停滞或减少，以及女性收入的增加，是导致这一群体结婚率下降和非婚生育率上升的主要原因。剩下的问题是，这些趋势是否可以逆转？我们的研究表明，答案是否定的，至少不能通过仅仅扭转经济趋势来做到这一点。如今，非婚生育已经变得相当普遍，我们的社会规范可能已经变了。扭转家庭结构中的这一趋势可能需要经济和社会的同步变革。

划重点：结婚率下降与福利无关

对于美国结婚率的下降和单亲母亲家庭的增加，总有一个反复出现的解释。对此，我要把它明确提出来并加以反驳——结婚率的下降，以及随之而来的单亲家庭的增加，与政府提供的福利越来越丰厚无关。

在这里有必要回顾一下美国福利政策的历史。曾经有数十年，美国主要的现金福利项目是"抚养未成年子女家庭援助计划"（Aid to Families with Dependent Children，AFDC）。该项目由 1935 年的《社会保障法》设立，是一个由各州管理的联邦项目。"抚养未成年子女家庭援助计划"为"有需要的"儿童提供现金福利，其服务对象是那些因父亲或母亲离家出走、丧失行为能力、死亡或失业而失去父母抚养或照顾的儿童。各州在设定福利水平及确定收入和资源下限方面有很大的余地，可以自主确定谁是"有需要的"儿童。

20 世纪 30 年代设立这个项目的主要目的是帮助丈夫去世或失业的母亲，但到了 20 世纪 80 年代，这个项目的主要服务对象基本上是从未结过婚的单身母亲。这一转变引发了很多政策上的担忧和政治上的反弹，人们担心该计划会鼓励单身母亲未婚生育，并造成这样的家庭对福利的依赖。因此，许多州在 20 世纪 80 年代和 90 年代开始尝试在这个项目上采用新的规则。

这些尝试的结果就是 1996 年通过的《个人责任与工作机会协调法案》（*Personal Responsibility and Work Opportunity Reconciliation Act，PRWORA*）。两党在国会上合作，通过了这一法案，并由克林顿总统签署正式成为法律。该法案将抚养未成年子女家庭援助计划替换为一项名为"贫困家庭临时资助计划"（Temporary Assistance for Needy Families，

TANF）的现金福利补助金项目。"贫困家庭临时资助计划"的关键要素有几点：第一，如果家庭中有成年人，那么它接受联邦基金资助的时间最多为五年（60个月）；第二，各州必须要求福利领取者出来工作，要达到更高的劳动参与率；第三，各州在福利项目的设计上具有更多的灵活性。贫困家庭临时资助计划的整笔支出有上限，每年划拨的资金为165亿美元，仅略高于1995财政年度抚养未成年子女家庭援助计划的支出和相关费用，这些费用现在都由贫困家庭临时资助计划取代了。

鉴于政策不断演变，我们可以确定，现金福利并不是我们在过去40年里目睹的家庭结构变化的主要动力。原因主要有四个。第一，低收入家庭的现金福利相当微薄，而且自1980年以来已经下降了。与抚养未成年子女家庭援助计划一样，各州贫困家庭临时资助计划的补助数额也不一样。衡量现金福利丰厚程度最常见的方法是，看一个由单亲母亲和两个孩子组成的家庭能获得的最大补贴数额。1980年各州的福利中位数（以2012年美元可比价格计算）为每月321美元，1990年为539美元，1995年为645美元，2012年降至427美元。[23]

第二，数十个（甚至是数百个）学术研究都证明，在美国，丰厚的福利政策和单亲母亲家庭的比例上升之间的关系，即便有，也很小。正如约翰·霍普金斯大学杰出的经济学家罗伯特·莫菲特（Robert Moffitt）在 1998 年出版的《福利、家庭和生育行为》（*Welfare, the Family, and Reproductive Behavior*）一书中简单总结的那样，大量的研究证明，福利政策对婚姻和家庭构成的影响很小，但具体有什么影响，根据研究方法的不同而有所不同。[24] 假如影响很大的话，那么这些研究和统计方法应该很容易持续地展示出来这些影响。

第三，1996 年的《个人责任与工作机会协调法案》是具有里程碑意义的联邦福利改革立法，它导致家庭更难获得福利。克林顿总统签署了这项两党一致同意的法案后说，该法案旨在"终结我们所知道的福利"。该法案有四个明确的目标：一、向有需要的家庭提供帮助，使儿童能够在自己家中或亲戚家中得到照顾；二、结束需要帮助的父母对政府福利的依赖；三、防止并减少婚外怀孕的发生率；四、鼓励人们建立并维持双亲家庭。这项立法包括一些明确的条款，旨在减少人们对福利的依赖，遏制单亲母亲家庭增长的势头。这些条款包括：领取福利的最长时间限制；要求领取福利的人出来工作；设定"家庭福利上限"，这样家庭中有新生儿出生后，也不会增加家庭福利的总额；要求少女母亲必须与她的父母

　　　　　　　　　　　　不结婚的社会

同住才有资格领取贫困家庭临时资助计划福利金；等等。

事实上，《个人责任与工作机会协调法案》通过立法，明确地支持婚姻制度，这一点相当引人注目。以下是直接摘自法案中的一段话：[25]

> 国会发现以下事实：（一）婚姻是成功社会的基础。（二）婚姻是成功社会的一项必不可少的制度，它提高了儿童的利益。（三）提倡负责任的双亲对于成功养育儿童和儿童的福祉非常重要。（四）1992年，只有54%的单亲家庭拿到了子女抚养金，而在这54%的家庭中，只有大约一半的家庭收到了全额抚养费。在通过公共儿童抚养执行系统执行的案件中，只有18%的案件拿到了款项。（五）自1965年以来，接受"抚养未成年子女家庭援助计划"帮助的人数增长了两倍以上。

毫无疑问，福利改革减少了待执行的抚养费案件。20世纪90年代，待执行案件数量急剧下降，从20世纪90年代初的约1400万例下降到2000年的约600万例。[26]然而，它并没有明显地影响到结婚率和生育率。尽管这项立法带来了广泛范围的变化，但单亲母亲家庭的比例仍在稳步上升。[27]

第四，政府支付的福利只占单亲母亲家庭收入的一小部分。我们可以从美国人口调查局的收入和政府项目参与情况调查（SIPP）数据集中看到这一点。收入和政府项目参与情况调查数据集是一个全国性、具有代表性的数据集，是关于家庭收入和福利项目参与情况的最全面的信息来源。在2018年的数据集中，单亲母亲家庭的年平均收入为50403美元，其中大部分来自个人收入，占82%，即41365美元。平均来讲，政府经过经济调查后支付的福利［包括但不限于贫困家庭临时资助计划和补充保障收入（SSI）］，只占家庭收入的2%，也就是1055美元。社会保险计划（包括但不限于社会保障和失业保险）的收益占6%，即3236美元。另外3%来自子女抚养费，其余的来自其他来源，包括投资收入。尽管单亲母亲肯定会从这些福利项目提供的额外收入中受益，但一般而言，如果说她们主要是靠政府福利来养家糊口的，这显然不是事实。所以，说美国单亲家庭的增加是由丰厚的社会福利造成的，这显然是错的、毫无根据的。

　　　　　　　　　　　　　　　不结婚的社会

总结

自 20 世纪 80 年代以来，美国成年人的结婚率大幅下降，主要原因是没有四年制大学学历的成年人结婚率下降。如今，在结婚率上存在着很大的"学历差距"——在白人、黑人和拉美裔群体中都是如此。（亚裔美国人群体是一个例外。即使是受教育程度较低的群体，他们的结婚率也相对较高。）未受过大学教育的成年人结婚率的下降，似乎反映了经济趋势和社会规范的变化。在过去 40 年里，不论是在绝对的意义上，还是在相对于女性而言的意义上，没有大学学历的男性在经济地位上都有所下降，这使得他们不再是家庭中稳定的经济支柱，也不再是合适的结婚对象。

虽然经济因素是结婚率下降、单亲母亲家庭数量增加的主要原因，但我们现在似乎处在一个新的社会范式当中。在没有受过大学教育的阶层中，不结婚的现象很常见，在那些有孩子的成年人中也是如此。这种趋势对孩子们不利。它意味着越来越多的美国儿童在成长过程中没有双亲的陪伴，特别是没有父亲的陪伴。要扭转这一趋势——如果有可能扭转的话——可能需要大规模的社会和经济变革。

第五章

鞠育之苦

"生孩子是最容易的部分，剩下的都很难。"

　　　　　——格洛丽·德尔加多－普里切特

电视剧《摩登家庭》第四季第七集"被捕"。

　　第一次带新生儿回家是一件特别可怕的事。初为人母的时候，我常常绝望地盯着哭个不停的宝宝，束手无策，特别想走开去睡觉。之后，一切也没有变得简单，几年后，我的另一个孩子得了小儿疝气。她总是哭，不停地哭，哭了好几个月。我必须一直抱着她。一放进婴儿车，她就会尖叫。坐在汽车座椅上，她也会尖叫。她会抓伤自己的脸，只有躺在我怀里的时候才会睡上一小觉。一天晚上，我丈夫不在家，孩子就这样闹了好几个小时。我走到外面，抱着她在街上走来走去，感觉既茫然又绝望。一位邻居走出家门，从我的怀里接过孩子，说："让我抱她几分钟。"她是四个孩子的母亲，太知道我在那一刻需要休息一下。

　　不久前，我和一位研究生谈话，他的妻子一个月前生下了他们的第一个孩子。他说了很多初为人父者会说的话，比如他们多么爱孩子，多么心怀感激，等等。最后我说："但是也很艰难，对吧？"他看起来好像松了一口气一样，因为

　　　　　　　　　不结婚的社会

是我先说出了这句话。他迅速而断然地答道："哦，老天爷，是的！孩子总是哭。我负责晚上看孩子，这样我妻子就能睡个好觉。当我半夜陪着孩子时，她一直在哭，真的很累人。我忍不住想，真不敢相信我认识的那么多人都做过同样的事。"对这种情绪的一种更间接的表达是，认识到有两个人一起抚养孩子有多么幸运："我真想象不到单亲家庭是怎么做到的。"这些年来，我思考了这个问题很多次。

现在我的孩子们长大了，作为父母要担心的事情变了，面临的挑战也不同了，但同样不敢掉以轻心。为人父母仍然很难，这件事既昂贵又令人筋疲力尽，但也是美妙和令人振奋的，是我一生中最大的责任和快乐的源泉。我每天都为有三个孩子以及有机会抚养他们而感恩。（我写这本书的时候正赶上新冠疫情暴发，我们都要居家办公，在家上网课。但即使这种时候，我的感恩之心依然没变。）我也由衷感谢那些帮助我抚养孩子的人，尤其是我的丈夫、我的父母、他的父母、我们的兄弟姐妹、我们的保姆、孩子朋友的父母、其他亲朋好友、孩子们的老师，以及我们社区中许多自愿花时间指导和组织活动的慷慨成年人。这些话无数人说过，并不新奇，但养育一个孩子确实需要很多人的努力，也需要大量的资源。

为人父母不仅仅意味着生下一个孩子并爱他。在讨论父母抚养孩子的差别时，我们可以合理地认为，所有父母都爱自己的孩子，没有一对父母爱自己的孩子胜过其他父母；如果你有了一个孩子，你马上就会爱上他。如果只靠爱就能让孩子们茁壮成长，那所有的孩子都会茁壮成长。我的第一个孩子才出生大约五个小时，我就流着泪给妹妹打电话说："哦，天哪，我总算知道当妈妈这件事为什么会让人发疯了！如果这个小家伙有什么三长两短，我会死的！"当时，我和所有的新手父母一样，全然不知前面有无数挑战在等着我们。为人父母意味着担惊受怕，因为有太多的事情是我们无法控制的。为人父母还意味着要尽其所能去保护、爱护和引导自己的孩子。为人父母还意味着，除了爱孩子之外，还要投入时间、金钱和精力来抚养他们长大。除了爱以外，父母能提供的其他东西都是有限度的。

我们可以用经济学术语描述我们在孩子身上投入的时间、金钱和精力——我们养育孩子，在他们身上投入资源，是为了成功"生产出"一位健康、快乐、适应力强的成年人。"成功"对不同的人含义也不同，但对大多数人来说，它可能包括一定的受教育水平和成年后的经济保障。这并不是说只要把孩子培养到成年就可以了。我们也希望他们有快乐的童年，也很享受和他们在一起的时光。我没有低估这些方面的重要性，我和孩子们做的很多事情都仅仅是因为我喜欢这么做。我喜欢看他们笑，听他们讲故事，感受他们的拥抱，这与未来的目标或愿景毫无关系。但这本书研究的是社会不平等和流动性的问题，所以这一章必定把重点放在父母如何规划孩子的成长过程，以及如何影响他们的受教育水平和经济成就上。

本章详细探讨抚养孩子的关键投入，包括金钱、时间，以及情感和脑力投入；探讨在资源丰富和资源不足的父母之间，这些关键投入平均而言有什么不同。本章所介绍的许多研究都涉及社会经济地位造成的差异。社会经济地位（scioeconomic status，通常简称为 SES）是对个体的社会和经济地位的全面衡量，通常包括家庭收入、父母的受教育程度、家庭结构或这些因素的一些组合。在社会科学和心理学的研究中，一般都会按社会经济地位将父母分为高、低两类，但不同的数据来源对社会经济地位的衡量方式是不同的。单亲母亲家庭通常资源水平较低，因此更有可能被划为社会经济地位低的家庭。由于这一领域的大部分现有研究都使用了这一社会经济指标，而不是家庭结构，所以在以下的叙述中，我会更多地使用社会经济地位的分类。

数据显示，资源更多的父母会在孩子身上投入更多的金钱和时间。为什么会这样？这并不是因为资源水平不同的父母对孩子的需求有什么不同的看法，也不是因为他们对想为孩子、和孩子一起做的事情有什么不同的偏好，而是因为资源丰富的父母在抚养孩子的时候有更多的资源可以利用。而资源匮乏的低收入单亲父母，没有办法为孩子做他们想做的一切。其中一部分困难是因为钱（一个人工作带来的收入往往比两个人的少，这两个人受教育水平一样的情况下更是如此），还有一部分困难是没有另一个成年人来分担养育孩子的重担，在一个人工作或做其他事情时帮忙照看孩子，或者在一个人筋疲力尽的时候，给予情绪上的安慰。

　　单亲家庭中的孩子从父母那里获得的资源往往较少，而单亲母亲家庭的孩子获得的资源就更少。这并不是因为单亲父母不想给孩子资源，不想让他们过得和双亲家庭中的孩子一样，而是因为他们的资源有限——单亲父母为抚养孩子投入的资源（各种类型的资源）往往比两个人投入得要少。

抚养孩子很花钱！

　　根据美国政府 2015 年的统计数据，一对有两个孩子的中等收入的夫妇将一个孩子从出生抚养到 17 岁，平均支出超过 23 万美元。[1]（这还没算上大学的费用！）这相当于每个孩子每年的平均支出超过 13500 美元。无须指出，高收入家庭在孩子身上的支出更高，而低收入家庭在孩子身上的支出更低。在家庭收入水平位列后三分之一的家庭中（即年收入低于 59200 美元的家庭），每个孩子的年支出约为 9700 美元。[2] 在收入水平位列前三分之一（即年收入超过 107400 美元）的已婚家庭中，每个孩子的年支出约为 21000 美元。这些支出主要用在住房、食物、儿童照管或教育上。[3]

　　这些平均支出掩盖了家庭之间的巨大差异。不仅是家庭收入上的差异，还包括孩子的年龄、生活的地区以及其他导致支出差异的因素。一般来讲，有大孩子的家庭往往比有小孩子的家庭在孩子身上花得多；城市地区的家庭比乡村地区的家庭花得多；美国东北部城市地区的家庭比西部、南部和中西部城市地区的家庭花得多（从高到低排序）。与本书的主题最有关系的是，高收入家庭针对儿童的支出，特别是为儿童提供更丰富体验的支出，比低收入家庭的高得多。这一差距在过去半个世纪里一直在扩大。单亲家庭中的孩子更有可能在较低的家庭收入水平下长大，所以他们不太可能从这种对孩子的高水平投资中获益。

父母在子女身上的投资存在着巨大的阶层差距。

虽然听起来很物质，但在孩子身上花钱，让他们有更丰富的生活体验，是父母的主要投资形式之一。并不是所有花在孩子身上的钱都是投资，但其中很大一部分是。事实上，高收入家庭可以而且确实在孩子身上花了更多的钱，这些钱用于更高质量的儿童照管、私立学校、家教、更丰富的活动、书籍和游戏，以及其他方面。这是资源更多的父母将自身优势转移到孩子身上的一种方法。

我们对抚养孩子支出的了解，包括上面提到的政府统计数据，大部分都来自"消费者支出调查"（Consumer Expenditure Survey）。这是美国劳工统计局进行的一项全国性的家庭调查，旨在确定美国人每年的支出情况。这项调查每季度进行一次，收集受访者在过去三个月可以回忆起来的大额支出和经常性的支出数据，比如租金和水电费。还有一项"日记调查"，调查受访者经常购买的小额物品，包括大多数食品和衣服。对家庭经济学和儿童福利感兴趣的学者经常使用这些数据来记录家庭在儿童支出上的模式和趋势。

两位社会学家在 2013 年使用这些数据对不同群体在孩子身上的投资支出进行了研究。他们将投资支出具体定义为在教育、儿童照管、课外活动，以及玩具和游戏类物品上的支出——这些支出有可能帮助孩子在教育和经济上取得成功。他们发现，在这些可以自由裁量的支出方面，高收入家庭和低收入家庭之间存在显著的差异。[4] 通过分析数据，他们发现，不仅收入最高的父母在儿童投资上的花费比收入较低的父母多得多，而且二者支出的差距（以美元可比价格衡量，排除了通货膨胀的影响）自 20 世纪 70 年代以来大幅扩大。[5] 图 5.1 展示了他们分析后的数据。收入最高的十分之一的父母对每个孩子的投资支出从 20 世纪 70 年代初的 2832 美元增加到 90 年代初的 5551 美元，并在 2006—2007 年增加到每年 6573 美元（所有这些都是按 2008 年美元可比价格计算，并排除了通货膨胀的影响）。这些数字甚至没有完全反映出投资支出的不平等，因为里面没有包括住房成本。而在评分更高的学区花更多的钱买房，是高收入的父母给孩子投资的最常见方式之一。

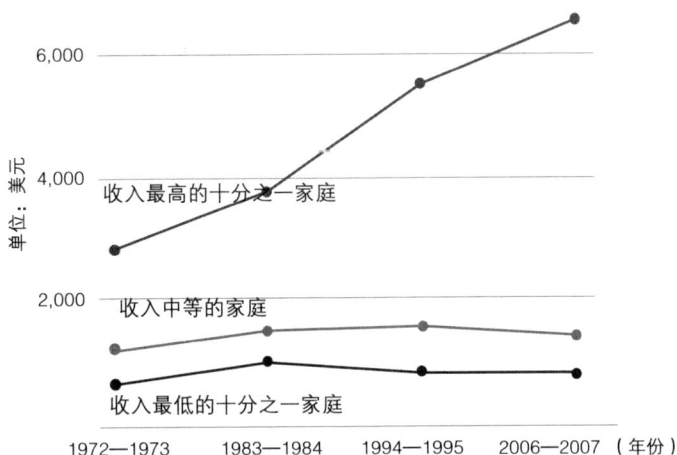

图 5.1　父母为每个孩子支出的费用
（按家庭年收入在十等分中的位置划分）

数据来源：科恩里奇（Kornrich）、弗斯滕伯格（Furstenberg），《家庭对子女的投资》（*Investing in Children*），表 3。

　　在子女支出方面差距的扩大，一定程度上反映了近几十年来收入不平等的扩大。处于或接近收入分配顶端的群体，其收入一飞冲天。但这还不是故事的全貌。在 20 世纪 70 年代和 90 年代之间，高收入父母增加了家庭收入中对子女投资的占比。这也和这段时期精细育儿理念的兴起相对应。

高收入家庭用于孩子的教育及为孩子提供更丰富体验的支出，与中产家庭和底层家庭的支出相比，遥遥领先——而且，对于中产家庭和底层家庭来讲，这些花费已经是他们能支出的上限。中等收入的家庭，以2008年美元可比价格计算，对每个孩子的投资从20世纪70年代初的1143美元增加到90年代初的1548美元，再到2006—2007年的1421美元。研究者估计，这些数字分别占当时家庭总收入的4.2%、6.5%和5.2%。收入最低的十分之一家庭，在这三个时间段对每个孩子的投资数额保持相对稳定，分别为607美元、779美元和750美元。

这种投资是高收入父母的孩子在成长过程中拥有丰富资源的另一种表现方式。这使得家庭条件较差的孩子越来越难以跟上他们的脚步，竞争力越来越低。

资源丰富的父母和资源匮乏的父母为孩子提供的成长环境上的不同，可以通过这些孩子有没有丰富的课外活动看出来。无须多言，资源丰富的家庭会让孩子参加各种课外活动。皮尤研究中心2015年对父母进行的一项调查显示，不同收入水平的家庭之间，孩子参加课外活动的比例存在巨大的差距。[6] 在家庭收入超过7.5万美元的家庭中，84%的家庭表示，他们的孩子在过去一年中参加过课外体育活动；而家庭收入在 3 万美元至 7.4999 万美元之间的家庭中，这一比例为 69%；家庭收入低于 3 万美元的家庭中，这一比例为 59%。在这三个收入群体中，从最高收入群体到最低收入群体，报告孩子上过音乐、舞蹈或艺术课的比例分别为 62%、53% 和 41%。也就是说，在年收入至少 7.5 万美元和年收入不到 3 万美元的家庭之间，孩子上音乐课的可能性存在 21 个百分点的差距。

这一发现与家庭结构有何关系？回想一下，家庭结构在很大程度上决定了家庭收入——双亲家庭更有可能拥有较高的家庭收入，因此能够负担孩子的课外活动，甚至在上面花大价钱。像参加运动队或演奏乐器这样的活动可以帮助孩子们激发潜力、开拓思维、点燃激情、提高专注力和进取心，还能体验到快乐。孩子们在课余时间做一些有意义的事情，更能让他们远离手机和电子设备。但不幸的是，一个孩子能否参加这些活动完全取决于他们家庭的资源水平。这是来自不同家庭环境的孩子走上不同人生道路的又一种方式。（理想情况下，社区和慈善团体可以帮助缩小这些差距，确保资源匮乏家庭的孩子——无论他们的家庭结构如何——有充分的机会参加体育、音乐、艺术和夏令营等活动。全国各地有许多这样的项目，非常喜人。无论从经济、政策还是

不结婚的社会

人类发展的角度看，它们的发展和壮大都是有益的。不过，我离题了。）

当我看到这些孩子在课外活动中要花多少钱的时候，我就明白差距为什么越拉越大了。看看一些家庭花在青少年体育运动、舞蹈或某种小众爱好上的金钱和时间吧。我母亲看到孙辈们参加的课外活动时，也会发表评论。她经常这样说："天哪！你们小时候我们根本支付不起这些东西！"2019 年，兰德公司（RAND Corporation）的一项研究证实了这种感觉：当今青少年体育运动中的成本阻碍了中低收入家庭中的孩子参与。[7]进行这项研究的研究人员调查了大约 2800 人，分别是家长、公立学校的行政人员和社区体育项目的负责人。他们发现，经济成本和家长需要投入的时间——例如，提供志愿服务以及提供往来的交通——妨碍了来自低收入家庭的初高中青少年参加体育运动。

我们姐妹几个在上新泽西州的公立高中前，都没玩过曲棍球。然而，我的三个妹妹都被东海岸的一所精英大学招募去打曲棍球了。（幸运的是，作为家里最大的孩子，我并没有因为没能追随她们运动健将的脚步而感到太难过。）尽管没有证据可以证实这种说法，但人们会说，我妹妹们的经历在今天根本不可能发生。如今，那些想让孩子在大学阶段从事某项体育运动的家庭，很可能在孩子上高中之前，就已经在运动队和各种培训中花费了大量的金钱和时间了。无论人们如何看待儿童在体育、艺术，还是在其他领域的课外活动中的这种内卷现象，有一件事是相当肯定的——对于资源丰富的家庭来讲，父母在儿童的投资方面具有巨大的优势。

此外，父母并不仅仅是在孩子还小的时候花钱。在20世纪90年代之前，父母在孩子青少年时期的支出最多。而在20世纪90年代之后，父母的支出在孩子六岁之前达到最大值——然后在他们25岁左右时再次达到最大值！对六岁以下儿童的高投入反映出人们日益认识到幼儿教育对儿童发展的重要性。而在孩子成年后不久，在孩子身上花更多的钱（这也是资源丰富的父母相对更容易做到的事情），是这些资源丰富的孩子在经济安全和成功的道路上占得先机的另一种方式。这是因为，当今的经济和房地产市场变化莫测，有时不免一脚踩空。这种父母在孩子成年后不久继续为他们花钱的新流行做法，放大了家庭结构和父母资源对孩子在成年后取得成功的重要性。

陪伴孩子的时间是父母的另一种资源。

孩子不仅费钱，而且十分熬人——我是说，十分消耗父母的时间。任何父母都会告诉你（甚至不等你开口询问），抚养孩子需要很多时间。当孩子还小的时候，父母需要花时间给他们喂饭、洗澡、穿衣。随着他们长大，他们需要——而且渴望——父母给他们读书、陪他们一起玩、带他们去参加活动，并从中受益。到了青春期，他们对父母时间的需求不同了。但考虑到他们的情感、教育和心理健康，父母在孩子的青春期仍然要花很多时间（和情感）陪伴他们。那么，在不同的家庭类型中，父母养育孩子花费的时间有什么不同呢？我相信大多数读者已经发现了这里的规律：父母花在孩子身上的时间是不一样的，高收入已婚家庭的父母花在孩子身上的时间更多。

自20世纪70年代和80年代以来，收入不同的父母在儿童投资方面的差距扩大也反映在养育儿童的时间花费上。与前几代父母相比，今天的父母在孩子课外活动上花的时间要多得多。我相信读者中有很多听过或者说过："我们小时候，父母都不管我们，我们都是自己在街上玩。"精细育儿（也就是我们俗称的"鸡娃"）理念的兴起真的不是传言。我们是从"美国人时间使用情况调查"（American Time Use Survey）的数据中知道这一点的。该调查是美国人口调查局收集的具有全国代表性的数据集，在2003—2019年期间进行了超过21万次访谈，要求被访者回忆前一天24小时之内的活动，以获得一天时间使用情况的信息。一周中的每一天，包括周末，在调查中都被平等对待。

父母在时间投入上的变化，反映了他们在养育子女这件事上态度的变化，也反映了他们对于孩子的经历和成长环境会如何影响孩子以后的幸福和成就的不同看法。但这种时间上的增加并没有均匀地出现在整个人群中——可以预见的是，受教育程度更高，资源更丰富的父母花的时间会更多。

受教育程度高的父母会花更多的时间陪伴孩子。

经济学家针对人们利用时间的方式开展了数不尽的研究，其中包括，对时间的使用方式不同，会产生怎样不同的收益和成本。具体到抚养孩子这件事上，经济学家经常将其

不结婚的社会

归类为"家庭生产"活动当中，即，为了维持一个有孩子的家庭的基本运行所开展的喂食喂水活动。但在 2008 年我与经济学家乔纳森·古扬（Jonathan Guryan）和埃里克·赫斯特（Erik Hurst）合著的一篇论文中，我们发现，按父母受教育程度划分的育儿模式，与按受教育程度划分的家庭生产或家庭休闲模式非常不同。[8] 育儿模式似乎有一套独立的时间使用类型。根据 2004—2006 年美国人时间使用情况调查的数据，我们发现，受教育程度较高的父母花在清洁和吸尘等家庭生产活动上的时间更少；他们花在休闲活动上的时间也更少——比如睡觉、看电视以及和朋友出去玩。那他们把这些时间花在了什么上？答案是，他们把这些时间直接花在了育儿上。

作为一位有全职工作的母亲，我发现自己的大部分时间要么花在工作上，要么就花在孩子身上。事实基本如此。我愿意承认，之所以能做到这一点，部分原因是我有能力花钱购买与孩子相处的时间，比如花钱请人打扫卫生和洗衣服。我这么说既是坦白事实，也是想说明，拥有更多资源的父母之所以有能力花时间陪年幼的孩子读书，开车送大一点的孩子去参加课外活动，是因为他们可以花更少的时间做家务。然而，对受教育水平不同的父母花在孩子身上的时间不同这一现象，不能用他们从事全职工作的比例不同来解释：与没有高中学历的母亲相比，拥有大学学历的母亲在照顾孩子和工作挣钱上花费的时间更多——代价是她的睡眠和看电视的时间减少了。受教育程度更高的父母会花更多的时间与孩子在一起，而花更少的时间在家务或休闲活动上。这一事实表明，这些父母认为养育子女的活动与家务及休闲活动是不同的，是两类活动。他们可能会认为，至少在一定程度上，花在孩子身上的时间是对孩子发展的一种投资。下面我们会再谈到这个观点。

受教育程度不同的父母花在孩子身上的时间不仅在数量和质量上不同，而且在结构上，在是否适合儿童的发展上，也存在差距。[9] 受教育程度更高的父母会根据发展心理学的建议，根据孩子的不同年龄，采用对孩子最有益的方式，花更多的时间陪伴孩子。拥有大学学历的母亲和只有高中学历的母亲，在孩子身上花费时间差距最大的时期，是在孩子婴儿和幼儿时期，是在这一时期对儿童的基本照顾和陪他们玩耍的时间上。随着儿童需求的变化，这些差距也在变化。当孩子在学龄前时，受教育程度更高的母亲会花更多的时间教孩子读书；当孩子在6—13岁时，受教育程度更高的母亲会花更多的时间管理孩子的课外活动。

比起未婚父母，已婚父母会花更多的时间和孩子在一起。

　　正如受教育程度不同的父母在养育孩子上花的时间不同一样，婚姻状况不同的父母在养育孩子上花的时间也不同。平均而言，已婚母亲每周花在孩子身上的时间比未婚母亲多。[10] 对于至少有一个 18 岁以下孩子的已婚母亲，她们平均每周花 15.1 个小时专门照顾孩子，也就是围着孩子转的时间，包括给孩子穿衣服、陪他们读书、开车送他们去参加课外活动等。她们平均每周还要花 45.4 个小时和孩子（们）在一起，也就是在她们做其他工作时，至少有一个孩子在她们身边。对于同样情况的未婚母亲，她们平均每周花 12.7 个小时专门照顾孩子，37.8 个小时和至少一个孩子在一起。如果家里至少有一个 5 岁以下的孩子，那么已婚母亲和未婚母亲都要在上述两个项目上花更多的时间；已婚母亲花的时间更多。专门照顾孩子的时间为 23.4 个小时，与孩子相处时间为 59.4 个小时；未婚母亲专门照顾孩子的时间为 21.2 个小时，与孩子相处时间为 53 个小时。造成这种差异的部分原因是，未婚母亲更有可能要外出工作，这使得她们与已婚母亲相比，与孩子相处并为孩子提供帮助的时间就少了。在2019年美国人时间使用情况调查中，78%的未婚母亲外出工作，而已婚母亲的这一比例为71%。未婚母亲工作的时间也更长，平均每周28.2个小时，而已婚母亲的这一数值是23.5个小时。一般来说，已婚母亲不太可能是家庭中唯一，甚至是主要的经济支柱（回想一下第四章中的讨论，在许多婚姻中还流行着传统的性别角色分工），这应该给了她们更大的灵活性，可以工作更短的时间，不用赚更多的钱。能够花更少的时间工作，花更多的时间陪伴孩子，这是一种难得的奢侈。一般来说，已婚母亲更有机会获得这种奢侈，因为家里还有另一个成年人。

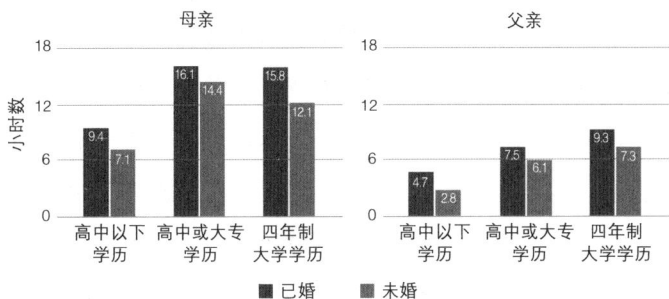

图 5.2　父母每周在照顾孩子上花的时间
（按父母的受教育水平和婚姻状况划分）

数据来源：作者根据 2019 年美国人时间使用情况调查计算得出。

　　无论受教育程度如何，在所有关于母亲育儿时间的统计中，已婚母亲都比未婚母亲投入更多的时间。受教育程度较高的母亲比受教育程度较低的母亲在育儿上花的时间更多（尽管受教育程度较高的母亲在外工作的时间也更长）；但在受教育程度相同的群体中，已婚母亲花在育儿和陪伴孩子的时间上同样比未婚母亲的多。这些差异可以在图 5.2 中看出来。此外，无论受教育程度如何，已婚母亲在外面工作的时间都更短。在不同的种族和民族群体中，都存在着这样的模式。对于白人、黑人、拉美裔和亚裔母亲来说，已婚母亲都要比未婚母亲花更多的时间照顾孩子和陪伴孩子。

那么父亲的情况呢？不管是主动的陪伴还是被动的陪伴，父亲花在孩子身上的时间都比母亲（不管是已婚母亲还是未婚母亲）要少。但已婚父亲往往比未婚父亲花更多的时间照顾孩子。在 2019 年"美国人时间使用情况调查"中，已婚父亲平均每周花 8 个小时专门照顾孩子，30 个小时陪伴孩子。未婚父亲每周花在上述两项的时间分别为 5.9 个小时和 23.8 个小时。和母亲的情况一样，父亲的受教育水平不同，在孩子身上花的时间也不同。对于拥有四年制大学学历的父亲，尽管他们外出工作的时间最多，但他们在照顾孩子上花的时间也最多——已婚父亲每周是 9.3 个小时，未婚父亲每周是 7.3 个小时。对于没有高中学历的父亲，尽管他们外出工作的时间最少，但花在照顾孩子上的时间也最少——已婚父亲每周花 4.7 个小时照顾孩子，未婚父亲每周只花 2.8 个小时。

我上面列举的数据，是根据 2019 年美国人时间使用调查中的数据计算出来的。我根据父母的婚姻状况和受教育程度，计算出父母花在孩子身上的时间是多少。但这项调查有一个局限性——它没有收集家庭层面的数据，只是在每个家庭收集了一个人的数据。因此，我们无法从这些数据中统计出一个孩子从父母双方那里得到的总照顾时间。然而，2014

年的一项研究调查了1997年国民收入动态追踪研究中的一份儿童发展补充报告。这份报告统计了2700多名儿童的数据，得出他们得到的照顾时间。我们可以从这些数据中看到不同的家庭结构在儿童照顾时间上的不同。[11] 数据显示，相比于和单亲母亲一起生活，或者和母亲及其同居男友一起生活，和双亲一起生活的孩子得到的照顾时间更多。值得注意的是，孩子与同居的亲生父母共同生活，或者与亲生母亲及继父共同生活，或者生活在几代同堂家庭中，得到照顾的时间和与已婚亲生父母共同生活的情况差不多。生活在多代同堂家庭中的孩子，从祖父母那里获得了大量的照顾时间；而那些与母亲、继父一起生活的孩子从不同住的生父（注意：不是和孩子住在一起的继父）那里获得了大量的照顾时间。

更多的陪伴时间和更多的金钱投入，能带给孩子更多的成就吗？

收入不同的父母在对孩子投资上（包括金钱和时间的投入）的差距不断扩大，造成了孩子在个人成长上的差距也不断扩大。斯坦福大学教育研究员肖恩·里尔登（Sean Reardon）研究了幼儿园儿童的考试成绩后发现，父母收入在前十分之一的孩子和父母收入在后十分之一的孩子之间，考试成绩的差距越来越大。20 世纪 90 年代出生的孩子与 80 年代和 70 年代出生的孩子相比，差距变得更大。[12] 他的分析也指出，在同一时期，不同种族和民族的孩子之间的差距有所减小。

关于这一话题，也有一些好消息。在最近的一项研究中，里尔登和一位合作者分析了一组近期幼儿园儿童的数据，发现从 1998 年到 2010 年，父母收入不同的孩子在数学和阅读测试成绩方面的差距略有缩小。[13]（关于幼儿园儿童的最新数据就是 2010 年的。）不过，尽管差距的缩小令人鼓舞，但差距本身仍然很大。按照目前缩小的速度，这些差距需要几十年才能完全消除。（而且令人遗憾的是，由于 2020—2021 年美国新冠疫情和学校大面积关闭，这一进展在很大程度上退回了原点，而且还加大了学习成绩方面的差距。）虽然成绩上的差距不能绝对地与父母投资上的差距联系起来，但在幼儿园观察到的事实表明，这种差距不能归因于和学校环境有关的任何因素上，而是由（孩子的生活中）更早的因素引起的。这些因素可能是家庭环境、孩子的早期教育情况，甚至是胎教的情况。事实上，最近的新冠疫情让我们越发认清了这一点。当学校关闭，孩子被送回家的时候，资源丰富的家庭的孩子和资源匮乏的家庭的孩子在学习成绩上会出现明显差距。这显然是由家庭因素引起的。

研究结果支持一种观点：尽管很难量化父母在某项投资上的确切回报，但总体而言，父母花在孩子身上的时间越多，尤其是花在适合儿童发展的活动上的时间越多，孩子在学业和情感上的表现就越好。有许多研究发现，父母花在孩子身上的时间与孩子随后的学习成绩和行为举止方面的成长，存在正向的相关关系。从研究方法的角度看，其中有两项研究尤其引人注目。

2019 年的一项研究，根据家庭中兄弟姐妹与母亲一起阅读的时间及随后在标准化测试中的阅读成绩，分析在同一个家庭中兄弟姐妹之间的差异。[14] 相比于比较不同家庭的孩子，比较兄弟姐妹之间更有用，因为他们有共同的父母、共同的家庭环境和其他许多共同的特征。兄弟姐妹之间的结果差异更有可能归因于父母育儿行为的不同。然而，一位母亲可能会花很多的时间给她的一个孩子读书，而另一个孩子在同样的年龄时，她却没有给他读这么多的书。这里的原因可能是第一个孩子更喜欢读书，也可能是第二个孩子的出生导致母亲给孩子读书的时间变少了。这项研究的实施者巧妙地利用了后一种趋势来设计他们的研究，结果发现老大和弟弟妹妹们的年龄差距越大，他在母亲陪伴读书的时间上具有的优势就越大。在研究了这些差异后，研究人员证明，与母亲一起读书的时间越长，在标准化阅读测试中的分数就越高。

2014 年的另一项研究提供了更多的数据，证明父母与孩子在一起的时间越多，孩子就越优秀。该研究分析了"澳大利亚儿童长期追踪调查"（Longitudinal Study of Australian Children，这一研究从 2004 年开始收集数据）中 4900 多名儿童的数据。[15] 研究人员将儿童花在各种活动上的时间与随后的认知能力测试联系起来。认知能力测试由考试成绩，以及父母对孩子的行为、社交能力、情感特征和取得成就的评价组成。他们发现，在统计上排除了个人特征的影响后，在教育活动上花时间，特别是在父母的陪伴下在教育活动上花时间，是提高以考试成绩为衡量的认知能力的最有效投资方法。而另一方面，他们也发现，对于儿童的行为、社交能力和情感特征等方面的发展，最有效的投入并不是陪伴孩子的时间，而是父母的养育方式——有效但不苛刻的纪律，加上充满温情的养育方式，会在这些方面产生最好的结果。（这些研究人员只研究了母亲养育儿童的情况，因此在他们的研究中，也包括了单亲母亲家庭的情况。）

为什么资源丰富的父母会花更多的时间在孩子身上？

对于资源丰富的父母为什么会花更多的时间陪伴孩子，同时也会花更多的时间在外工作，有很多可能的解释。一种解释是，也许受教育程度更高或收入更高的父母更重视孩子的受教育水平和将来在职场上的表现，因此更有可能为这些成就进行投资。宾夕法尼亚大学社会学家安妮特·拉鲁（Annette Lareau）在她 2003 年出版的《不平等的童年》（*Unequal Childhoods*）一书中提出了这一观点。[16]拉鲁和她的研究生团队在 20 世纪 90 年代对 88 个样本家庭中的 12 个家庭进行了深入观察，研究了中产阶层如何以一种精心设计的方式抚养子女，以保持他们的中产阶层地位。她把中产阶层养育孩子的方式称为"协作培养"（concerted cultivation），具体体现在和孩子沟通，开车带他们去参加课外活动，并为他们安排好时间。

与之对应的，拉鲁把穷人和工人阶层家庭养育孩子的方式称为"自然放养"（natural growth parenting），指的是一种没有刻意的时间安排及干预较少的养育方式。她推测，养育方式上的差异会在孩子以后的生活中表现出不同的结果。这一猜想在她十年后对这些家庭的随访中得到了证实（不过这些观察结果只能说明，儿童的成就和养育方式有简单的相关关系，并不能说明有必然的因果关系）。拉鲁的核心论点和发现是，中产阶层"协作培养"出来的孩子，在职业生涯和亲密关系上都更成功。虽然拉鲁的观察结果令人深思，但如果说中等收入的父母和低收入的父母，对他们应该或希望如何养育孩子这件事有系统性的不同偏好或信念，则是缺少大规模的调查或数据证实的。因此，这种观点在我看来只是一种可能的解释。同时，我对不同社会阶层的父母对养育子女的方式有明显不同这一观点也存有疑问，我认为他们更多的是在各自优势和限制上的不同。

对于受教育程度更高的父母花在孩子身上的时间更多，第二个解释是，父母的受教育程度越高，在子女身上获得的投资回报也许就越高。如果父母受教育程度越高，孩子的潜力和机会也越高的话，那么在这些孩子身上投入的时间产生的回报也会越高。以上大学这件事为例，父母受教育程度越高，孩子上大学的可能性就越大，这并不是因为孩子的能力一定更强，而是因为上大学这件事本身对他们来说就更容易——不妨想想申请大学的流程有多复杂，支付大学教育的费用有多困难吧。如果真是这样，那么受教育程度较高的父母花在孩子身上的时间增量就可能在"边际上"（这是我们经济学家喜欢说的术语），对孩子能不能上大学和上什么样的大学产生影响。相反，受教育程度较低的父母也许认为，花更多的时间为孩子读书或开车送他们去参加丰富的课外活动，不会对孩子可能获得的机会产生影响，也不会对他们能否上大学产生影响。

换句话说，事情也许是这样的：当孩子越能从所谓的优势地位中获得更多的利益时，父母就越有可能在他们身上投资。这就是两位经济学家在 2010 年发表的一篇关于"幼儿竞争"（Rug Rat Race）的论文背后的观点——受过大学教育的父母倾向于花大量的时间和孩子在一起参加教育活动，并开车带他们参加各种课外活动。他们的投入比过去几十年多得多。[17] 作者指出，自 20 世纪 90 年代中期以来，受过大学教育的母亲每周花在孩子身上的时间增加了 9 个小时，而受教育程度较低的母亲每周只增加了 4 个小时。这种将时间从其他活动中"重新分配"给孩子的现象，和大学入学竞争加剧的现象同步发生。由于父母受过大学教育的孩子一般都会上大学，因此在这些研究人员看来，"幼儿竞争"也主要集中在受过大学教育的父母身上。此外，他们还指出，在大学入学竞争不那么激烈的地方，父母陪伴孩子的时间并没有太大变化，比如邻国加拿大受过大学教育的父母就是如此。为了进一步证明他们的假设，即"受教育程度较高的父母为了帮助孩子进入竞争激烈的大学，会在孩子身上投入更多的时间"，作者列举了证据，以证明在大学入学竞争更激烈的地区，父母在孩子身上投入时间更多。经济学家马赛厄斯·德普克（Matthias Doepke）和法布里齐奥·齐利博蒂（Fabrizio Zilibotti）利用来自世界各地的各个时期的数据，阐述了从经济回报的角度如何解释养育方式上的不同。在 2019 年出版的《爱、金钱和孩子：育儿经济学》（*Love, Parenting, and Money*）一书中，德普克和齐利博蒂将各国在收入不平等上的差异与养育方式的差异联系了起来。[18] 他们认为，在瑞典这种经济不平等程度较低的国家，养育子女的风险和回报率不那么高，社会流动性的变化也不大。比起美国父母，瑞典父母对子女的课外活动和时间分配问题就没那么纠结。换句话说，孩子从父母的投资中获益越多，父母就越有可能进行投资。虽然很难明确证实或证伪这种特定的解释，但数据中的模式与他们的理论一致，而且其中的逻辑也令人信服。

第三种可能的解释是，资源丰富的父母"情感带宽"

更宽*，所以他们更乐意多陪伴孩子，更乐意积极地参与孩子的活动。注意，情感带宽更宽并不意味着他们有更多的时间。我们已经看到，对于受教育程度较高的父母，无论工作状态和受教育水平如何，即使他们在工作上花的时间更多，他们在孩子身上花的时间也更多。情感带宽更宽意味着你的精神会更放松，意味着你更不容易被日常生活压得喘不过气来，意味着你可以坐下来给孩子们读书，辅导他们写家庭作业，或者开车带他们去参加课外活动。资源较少的父母缺乏金钱和时间，也没有尽心尽力的配偶或孩子的共同抚养者在情感上给予支持，因而精神紧张，日常生活的压力较大。即使他们想，可能也无力和孩子们一起做一些活动。下面，我将详细阐述日常压力在养育子女过程中的影响。

经济压力会引起精神紧张，精神紧张会让抚养子女变得更加艰难。

这让我想起了迪士尼动画电影《冰雪奇缘》（*Frozen*），

---

* 情感带宽（emotional bandwidth）指的是认知个体受外界刺激所诱发的情感体验的大小范围。情感带宽越宽，表达情绪的方式就越丰富，人际交往能力就越强，个人的状态也越乐观放松。——译者注

我的女儿们小时候让我陪她们看过无数遍。电影中有一首歌我特别喜欢。当滑稽的地精们第一次见到安娜时,他们唱了一首关于山民克里斯托夫的歌。其中一个地精唱道:当一个人生气、害怕或者受到压力时,就会做出糟糕的选择。这难道不是真理吗?这也适用于父母在养育子女上的决定。

首先我承认,当我自己压力重重、疲倦或者熬夜的时候,我也很可能会对我的孩子们不耐烦,或者总想着找时间独处一会儿,而不是坐下来陪他们玩游戏,问问他们学校里发生的事,甚至给出建议。有天晚上,我对着孩子们大发雷霆,大吼大叫,想必也对我的丈夫没什么好脸色。没过多久,我的一个孩子就指出了这一点。她说:"嘿,妈妈,我们知道你今天工作很累,但不要拿我们出气。"我知道她是对的,我只是把压力发泄到她们身上了。当然,她这么说话只会让我更激动。我不记得自己当时是怎么回应的,但我确实感到了自责,因为就连我十岁的孩子都意识到,我没有足够的精力按照我应该或者想要的方式陪伴孩子们。

也许,资源丰富的父母之所以能花更多的时间和孩子们在一起,在内容丰富且适合孩子发展的课外活动中陪伴他们,不是因为他们有什么特别的想法、价值观或偏好,而是因为他们有更多的精力。还有一种可能是,资源丰富的父母不太

不结婚的社会

可能受到发展心理学家所说的"毒性压力"的影响。低收入家庭面临巨大的经济压力，他们要努力支付账单、购买必需的商品和服务。这些经济压力会造成严重的心理困扰，会影响婚姻和家庭关系。

大量的描述性证据表明，低收入家庭的父母承受着更大的家庭和环境压力，从而引发更糟糕的心理健康状况、更激烈的家庭冲突，以及更对立、更疏远的亲子关系。单亲母亲家庭基本上也是低收入家庭，因此，这些描述性证据也有很多都来自单亲母亲家庭。

最近的研究不仅明确了这种相关性，而且还证明了收入降低与家庭状况恶化之间令人信服的因果关系。例如，一项研究跟踪了儿童成长过程中的行为变化。人们发现，与家庭收入相对较低时相比，当儿童所在的家庭收入相对较高时，孩子的外化性问题——比如打架或不受控制的暴力倾向等——较少。这项研究还发现，对于长期生活在贫困家庭中的孩子来说，家庭收入增加带来的好处最大。[19] 另一项研究发现，当经济冲击影响到男性主导的行业，使父亲们失去工作时，虐待儿童的比例就会上升。但是当母亲们因为类似的冲击而失去工作时，虐待儿童的比例反而会下降。[20] 这一模式说明，母亲在家时对孩子的保护更强，而父亲在家和失业时对孩子更严厉。

　　行为经济学家近年来的研究支持这样一种观点，即经济压力会让人的注意力更不容易集中，并阻碍人们做出正确的决定。埃尔达尔·沙菲尔（Eldar Shafir）、森迪尔·穆拉伊纳坦（Sendhil Mullainathan）及其合作者的研究表明，贫困给人带来的精神压力阻碍了人们的认知能力。[21] 例如，在新泽西州的一家购物中心进行的一项实验中，研究人员向 101 个人描述了一个假设中的财务支出场景，比如需要花钱修理自己的汽车。研究人员发现，向低收入者描述一个要花很多钱的场景后，他们会在随后的与此不相关的空间和推理任务测试中表现不佳；而如果是一个不用花很多钱的场景，那么他们在测试中就不会受到负面影响。高收入者在测试中的表现并没有受到假设场景的影响，不管假设中要花的钱是多还是少。这可能是因为，这些人比较容易想出办法来应对各种情况。在另一项针对印度 464 名甘蔗种植者的实验中，研究人员测试了种植者在收获前后的认知表现。他们发现，种植者在收获前，收入相对较低的时候，认知能力有所下降；而在收获后，收入相对较高时，认知能力有所提升。他们的分析表明，尽管在收获前，种植者表现出了更大的精神压力，但并不是精神压力导致他们认知能力的下降，而是贫困本身

　　　　　　　　　　　　　　　　　　　不结婚的社会

消耗了他们的脑力资源，留给其他认知任务的资源变少了。

这些行为经济学家认为，两项研究的结果都说明，经济压力给大脑造成负担，影响了人的认知能力。虽然他们没有特别研究抚养儿童时做决策的认知能力，但同样的逻辑也肯定适用（特别是考虑到为人父母总是压力重重，总是绷着一根弦时更是如此）。如果我总是担心能不能付得起账单，那我肯定没有闲暇在孩子的教育上做出什么决定或辅导他们完成家庭作业。正如一位朋友对我说的那样："现在，我不再是一个生活在贫穷家庭中的孩子了，我也不再是一个经济困难的单亲母亲了，我对父母的经历有了更多的同情，也明白了他们当年为什么经常看起来那么心不在焉。"

所有的父母都会在某种程度上受到这种压力的冲击。但是，考虑到单亲父母更有可能独自面对这些日常挑战，资源往往还比较匮乏，我们有理由认为——甚至在逻辑上就是如此——对于资源较少的单亲父母来说，毒性压力尤其持久和严重。

精心设计的育儿辅助项目（及更多的收入）有望缩小儿童养育上的差距。

多年来，政府研究并实施了各种育儿辅助项目，旨在改善低收入母亲（通常是单亲母亲）抚养儿童的方法。美国卫生与公众服务部开展了一项"母婴幼入户指导项目"（Maternal, Infant, and Early Childhood Home Visiting, MIECHV），以促进联邦、州和社区各种项目之间的合作与伙伴关系。该项目对外宣布的目标是"通过实地家访，改善有风险儿童的健康状况。家访对象包括孕妇、准爸爸、五岁以下儿童的父母和抚养者"[22]。母婴幼入户指导项目从2010年开始运行至今，还是一个比较新的项目，但它的工作和数据可以为我们提供一个独特的视角，找出养育行为背后的驱动因素，并找到方法来缩小资源丰富和资源匮乏的父母在养育儿童上的差距。

另外三个由联邦政府支持的项目也得到了广泛的推广和严格的评估。它们是"护士—家庭合作计划"（Nurse-Family Partnership）、"幼儿早期家访项目"（Early Head

Start Home Visiting，EHS）和"美国健康家庭项目"（Healthy Families America program）。和母婴幼入户指导项目一样，这些项目的核心工作都是家访。护士—家庭合作计划是一个非营利项目，主要关注第一次生孩子的贫困母亲：在怀孕期间到孩子两岁之前，护士会到这些母亲家中，指导她们如何抚养孩子，和她们分享各种资源，并进行健康检查。幼儿早期家访项目最初由联邦政府推动，旨在为低收入孕妇和有0—3岁幼儿的家庭提供儿童培养和父母支持服务，具体包括对父母及幼儿进行家访、组织集体社交活动等。美国健康家庭项目也是一个家访项目，它帮助的对象主要是那些有创伤史，以及亲密伴侣间存在暴力、精神健康问题或药物滥用问题的家庭。该项目会对准父母或新晋父母进行筛查和评估，及时发现虐待儿童的风险或早期不良教育的风险。工作人员对这些家庭每周进行一次家访，并根据需要为其提供社区中的其他服务。

发展心理学家阿里尔·卡利尔（Ariel Kalil）和丽贝卡·瑞恩（Rebecca Ryan）在2020年通过大量数据评估了这三个家访项目的有效性。她们发现，这些项目的效果因项目模式和实施方法的不同而有所不同。[23] 两位专家在评估这些项目是否能真正改变父母的行为和孩子的成就时，持谨慎态度。她们指出，即使人们发现这些项目已经产生了积极的影响，这些影响也是有限的，并且在几年内就会减弱。卡利尔和瑞恩进一步强调，这些项目最大的和最一致的影响就是减少了父母苛刻对待儿童和虐待儿童的现象，但并没有加强母亲准确感知孩子需求的能力及促进孩子成长的能力。这表明，即使在这些项目高度针对的目标人群中（即贫困家庭群体），家访项目最有效的地方也只是预防了不良育儿方法，而不是推广了优秀育儿方法。

"亲子共处项目"（Parents and Children Together，PACT）是一个很有效果的项目，它旨在增加低收入家庭的父母为学龄前儿童读书的时间。这个实验性项目由芝加哥大学的行为洞察和育儿实验室（Behavioral Insights and Parenting Lab）评估，针对的是联邦幼儿早期家访项目中的学龄前儿童的父母。[24] 在为期六周的时间里，亲子共处项目向169名家长每人发放一台平板电脑，并在其中预装了英语和西班牙语的儿童读物。在参与亲子共处项目的家长中，有一半被随机分配到一个强化辅助组中，接受工作人员的帮助。在这里，为了让父母给孩子读更多的东西，工作人员采用了三种行为鼓励工具——设定目标练习，定期短信提醒，表彰父母的进步。另一半父母没有接受强化辅助，所以是对照组。研究人

不结婚的社会

员使用平板电脑中预装的应用程序，收集有关阅读时间和完成书籍的数据，以此衡量亲子共处项目对家长的影响。

强化辅助组中的行为鼓励工具在推动父母增加为孩子读书的时间方面是有效的。在亲子共处项目的六周时间内，平板电脑上的应用程序显示出，强化辅助组的父母与孩子一起阅读的时间明显多于对照组。此外，行为鼓励工具对于缺乏耐心的父母更有效。这些父母在一项测试中表现出明显的"现时偏好"（present bias）。"现时偏好"指人们会倾向于高估目前情况的价值，而低估未来的重要性，也就是缺乏远见，更追求即时满足。例如，即使你正在存钱，但你还是会抵挡不住诱惑，花大笔的钱去买东西。亲子共处项目特意设计以检验这样一种假设：现时偏好是这些父母不给孩子读书的一个关键原因；而目标设定、频繁提醒和社会认可等行为鼓励工具的目的就是"把未来带到现在"。这似乎是一种有效的方法。

这项研究很重要，因为它表明行为激励可以成功地帮助低收入父母给他们的孩子读更多的书。同时，在这一研究中进行的大范围调查，也反驳了有关低收入父母为什么不像高收入父母那样给孩子读书的两种可能的解释。首先，在大范围的调查中，两组参与项目的家长都说，他们认为给孩子读书很重要。他们相信如果花更多的时间给孩子读书，孩子就会为上幼儿园做更充分的准备。他们认为给孩子读书和教孩子读书是他们的责任。这一发现表明，低收入父母给孩子读书的时间相对较少，并不等于他们的态度消极。其次，家长们说获取阅读材料并不是障碍。态度消极和不容易获取阅读材料，都不是低收入父母给孩子读书的时间相对较少的原因。这也证明了我们前面说的，家长的行为习惯才是最重要的。

除了这些育儿辅助项目外，缓解低收入家庭的收入压力还有助于改善母亲的健康状况和养育儿童的方法。例如，研究发现，劳动所得税抵免范围的扩大间接增加了低收入单身母亲的收入，使得那些符合所得税抵免条件的单身母亲在心理健康方面得到改善。[25] 总之，现有的大量证据表明，家庭收入增加会改善低收入家庭儿童的健康状况。

本书的最后一章将重点讨论美国作为一个国家应该如何应对这些挑战。但我忍不住先在这里说一下，为了解决在单亲母亲家庭（以及更普遍的低收入家庭）中长大的孩子的相对劣势，缩小孩子们在成就上的阶层差距，美国要比现在做得更多才能减轻低收入家庭的经济负担。如果家庭在经济上获得更多的保障，那么父母（无论是未婚还是已婚，单亲还是同居）都能够更好地为他们的孩子提供帮助，更好地为他们的孩子提供安全、丰富的童年经历，更有可能让他们的孩子茁壮成长并发挥他们的潜力。

总结

受教育程度更高、收入更高并且已婚的父母，他们的孩子得到的各种资源也更多。父母花在孩子受教育以及丰富体验上的钱更多，花在孩子身上的时间更多，对孩子的照顾也更专注。这些孩子经常从父母那里得到更多的投资，帮助他们在生活中占据相对优势，并使机会和成就上的阶层差距固化下来，一代一代地传下去。

精心设计的育儿辅助项目有可能帮助低收入家庭或单亲母亲家庭改善他们抚养孩子的方式。因此，慈善机构和公共基金有充分的理由推广这些有成功经验的育儿辅助项目。然而，我们也应该明确自身的期望。这样的项目可以产生积极的效果，也应该支持；但我们不能指望仅仅依靠这些项目就能缩小儿童成长上的阶层差距。

即使有社区和政府的支持，单亲家庭中的父亲或母亲，怎么可能像双亲家庭一样，为孩子提供那么多的金钱、时间和情感上的资源呢？

要想缩小养育资源上的——以及童年成长环境方面的——阶层差距，就要强化家庭结构，让父亲更多地加入家庭生活中来。要做到这一点，就需要解决当今男性面临的各种经济挑战。正如前一章描述的那样，要让更多的男性成为"适婚男性"——也就是说，让他们找到稳定的工作，成为可靠的、可信赖的男性。此外，我们还需要应对社会的变化。这些变化使人们普遍将婚姻和抚养子女的行为分开，并习以为常，成为新的社会范式。我们必须认识到，单亲家庭的增多对孩子——尤其是男孩子没有好处。而这就是下一章的主题。

不结婚的社会

第六章

父与子

"要记住，在我们赖以生存的所有基石中，家庭是最重要的。同时，我们还要真真切切地认识到，每一位父亲对家庭都很重要。父亲是老师，是教练，是导师，是榜样。他们是成功的楷模，也是不断推动我们走向成功的人。但是，如果扪心自问的话，我们就会承认，太多的父亲消失了——消失在太多人的生活中，消失在太多的家庭中。"

　　——贝拉克·奥巴马 2008 年
在芝加哥使徒教会父亲节集会上的演讲。[1]

　　今天，在学校里，男孩比女孩更有可能遇到麻烦，更有可能惹上刑事司法系统中的事，上大学或获得大学学位的可能性更小。男孩们苦苦挣扎，但越落越远。为什么男孩在学校里遇到的麻烦更多？为什么他们大学毕业的比例比女孩更低？对此，没有一个简单的原因可以解释。当说到在学校遇到的麻烦和法律问题时，人们会列举很多原因来解释为什么男孩容易出现"外化性"问题（具体而言就是容易引起负面关注的危险行为）。这种性别差异的部分原因可能与男孩的性格和大脑结构有关；部分原因可能是教师和其他成年人对

男孩（特别是黑人男孩）不公平或歧视的态度；还有一部分
原因可能是当今社会（不管是在学校还是在更大范围的社会
环境里），对精力充沛、吵吵闹闹、通常比女孩更晚熟的男
孩不那么宽容了。不过，男孩自身也发生了一些变化，而且
比以前更明显了——他们当中越来越多的人在没有父亲的家
庭中长大。既然父亲是老师、教练、榜样，甚至是纪律执行
者，那么父亲在许多家庭中缺席的现象对孩子（尤其是对男
孩）会产生不利的影响，就并不奇怪了。父母是孩子们的重
要榜样。父亲则是男孩们的重要榜样。家里没有一个充满爱
心的父亲，会让男孩处于非常不利的地位。

今天男孩们的困境是前面几章讨论过的男人们的困境带
来的后果。男孩和成年男人面临的挑战是相辅相成、彼此强
化的。由于有太多的成年男人（尤其是没有四年制大学学历
的男人）陷入困境，他们不太可能成为理想的丈夫，成为和
孩子一起生活的父亲。这就意味着，越来越多的男孩在成长
过程中没有父亲陪伴，缺少父亲对他们的正面影响，这些男
孩的成长继而更加艰难，长大以后也不太可能成为可靠的员
工、伴侣和父亲。可悲的是，这种恶性循环不断重复，给社
会带来了越来越多的负面后果。

这一趋势对各个种族和民族的成年男人和男孩都造成了

影响，但对美国黑人男孩的影响最大。2019 年一项颇有影响力的研究（下文将更详细地描述）表明，如果在一个社区中，黑人父亲出现的比例较高，那么该社区的黑人男孩向上流动的比例也较高，这两个比例之间有很强的相关性。但问题是，很多黑人男孩并没有生活在贫困率低、黑人父亲出现比例高的社区中。为什么这么多黑人父亲从孩子的家庭和社区中消失？这个问题非常复杂，也很难简单解释清楚。这部分反映出劳动力市场和刑事司法系统中的结构性歧视。在过去 40 年里，许多男性（包括黑人男性）失去了中等报酬水平的工作，使得情况更加恶化。在美国，黑人男性面临持续挑战，再加上对于没有大学学位的男性十分不利的普遍经济趋势，他们的处境变得越发艰难。

男孩的处境很艰难。

男孩的艰难处境从很多方面可以看出来。我们可以追踪两个方面的结果来说明这一点：一是童年时期，男孩在学校的行为和受到的惩罚；二是青少年时期，他们获得大学学位的情况。男孩比女孩更有可能被学校勒令停学。男孩被留校察看和被勒令退学的比例分别为 7.2% 和 7.3%，而女孩的相应比例分别为 3.6% 和 3.2%。这一差异很重要，因为停学率越高，完成高中学业的可能性就越低。

黑人青少年（包括男孩和女孩）的这两种停学率尤其高。在黑人男孩中，被留校察看的比例为 14%，被勒令退学的比例为 17.6%；在黑人女孩中，这两个比率分别为 8.5% 和 9.6%。在拉美裔学生中，男孩的两项停学率分别为 6.7% 和 6.4%，而女孩的两项停学率分别为 3.4% 和 2.6%。在白人学生中，男孩的两项停学率分别为 5.9% 和 5.0%，而女孩的两项停学率分别为 2.4% 和 1.7%。亚洲学生无论是总体比率和男女这两项比例的差距都要小得多，男孩的比率低于 2%，女孩的比率低于 1%。[2] 黑人青少年的停学率高得惊人，这引发了一系列关于停学作为纪律处分是否公平有效的问题，以及学校中存在的歧视态度起到何种影响的问题。虽然关于学校的纪律管理问题不在本书的讨论范围之内，但统计数据本身强调了一个关键的事实——男孩比女孩更有可能在学校因"外化性"的行为问题而陷入麻烦，比如打架、说脏话、不遵守学校规章制度或破坏财物等。

另一个女孩占上风的性别差异是年轻人获得大学学历的比例。对于 25 岁以上的男性和女性来说，获得四年制大学学历的比例相对接近：男性 32%，女性 34%。然而，在总体观察 1984—1995 年间出生的 24—35 岁年轻人的受教育程度时，性别差异就显现出来了。这个年龄段的年轻男性获得大学学历的可能性比年轻女性低了八个百分点——33% 对 41%。在非拉美裔的白人青年中，获得大学学历的性别差距最大——38.3% 的白人男性拥有大学学历或更高学历，而白人女性的这一比例为 47.7%。在黑人青年中，20.1% 的黑人男性拥有大学学历，而黑人女性的这一比例为 27.2%。在 24—35 岁的拉美裔男性中，只有 17.3% 的人拥有大学学历或更高学历，而拉美裔女性的这一比例为 24%。亚裔的性别差距非常小——65.3% 的亚裔男性拥有大学学历或更高学历，而亚裔女性的这一比例为 68.5%。[3]

在没有父亲的家庭中长大的男孩表现相对较差。

这些数据与家庭环境有什么关系？事实证明，男孩的成长和行为——包括他们的受教育水平——和家庭环境的关系尤其密切。家庭环境对他们的各个人生阶段都会产生影响，这种情况在所有的种族、民族中都是如此。随着在单亲母亲家庭中长大的孩子的比例不断增加，男孩的相对劣势也在不

不结婚的社会

断增加（从他们的受教育水平等方面就可以看出）。这些趋势之间是否存在因果关系？家里没有父亲对男孩来说特别不利吗？证据表明，答案是肯定的。

当然，家里有没有父亲与男孩会茁壮成长还是苦苦挣扎之间的联系，也可能是家庭结构之外的许多原因造成的。例如，在单亲母亲家庭越来越多的这几十年里，很可能学校同时也变得越来越无法容忍粗鲁的行为（通常指与男孩有关的粗鲁行为，而不是女孩）。当人们注意到单亲母亲家庭在黑人家庭中比在其他种族和民族群体中更为普遍时，人们还必须考虑到这样一个事实——对黑人男性和男孩的种族敌意和歧视十分猖獗，这无疑会导致黑人男学生在学校和刑事司法系统中受到更严厉的对待。我们指出家庭结构可能是造成性别差异的原因，并不是要低估或者无视其他因素——比如种族歧视的重要性。我们的重点是要强调，有证据表明，家庭中缺少父亲的角色会导致男孩的行为问题，这些行为问题反过来又会导致他们在学校和工作上面临长期的挑战。

经济学家玛丽安·伯特兰（Marianne Bertrand）和杰西卡·潘（Jessica Pan）在 2013 年发表了一项格外引人注目的重要研究，专门考察了这种联系。[4] 他们之所以想进行这项研究，是因为观察到男孩似乎比女孩在"非认知技能"

方面存在更多的问题。什么是非认知技能（noncognitive skills）？经济学家以外的社会科学家一般将这些技能称为"社会情感技能"，普通人可能会称之为"生活技能"，具体来说就是那些在书本上学不到的技能。大量研究表明，非认知技能——而不仅仅是书本上学来的知识——决定着一个人在学校和职场上能否成功。同样，这些非认知技能——比如自我控制、勇气、耐心和责任心——也可以预测一个人是否会在学校遇到麻烦、是否会完成高中学业、是否会进入大学并毕业、是否以后会挣到高工资。

关于大脑研究的理论表明，在青春期，男孩的大脑发育与女孩的不同，造成了在非认知技能方面对女孩有利的性别差距。但还有一个大问题仍然没有解决（这也是经济学家伯特兰和潘要解决的问题）——如果环境对人的成长有影响的话，其在非认知技能的发展中究竟扮演了什么角色？在先天因素之外，后天因素起了什么作用？伯特兰和潘专门研究了家庭和学校环境在男孩和女孩非认知技能发展中的作用。研究人员的主要数据来源是一项由美国国家教育统计中心（National Center for Education Statistics）进行的"幼儿发展纵向研究"（Early Childhood Longitudinal Study: Kindergarten Cohort，ECLS-K）。这些数据来自 1998 年进入幼儿园的约

不结婚的社会

1000 所学校的两万多名儿童，是具有代表性的全国范围的样本。伯特兰和潘的研究使用了来自儿童、家长、老师和学校的信息，其中包括儿童的认知、社交、情感和身体发展情况，以及儿童的家庭和学校环境信息。

研究人员发现，对于儿童行为问题的性别差异，家庭结构是关键性的因素，比儿童时期的学校环境更重要。男孩的行为问题通常比女孩的多；单亲家庭的孩子和双亲家庭的孩子相比，在行为问题上的性别差异更大。伯特兰和潘发现，在五年级的学生中，单亲母亲的孩子在外化性行为问题上的性别差异几乎是双亲家庭中孩子的两倍。到八年级时，单亲母亲的孩子在停学率上的性别差距接近 25%，而双亲家庭的孩子在停学率上的性别差距为 10%。

研究人员在观察这些家庭结构相关的性别差异后又进一步研究，这些差异会不会多多少少是由单亲家庭的孩子上的学校或是身处的课堂环境造成的，比如，是不是碰到了更多的女老师或者有更多调皮的同学？如果真是这样的话，那就说明家庭结构这个因素之外，学校的环境也导致了男孩有过多的行为问题。但数据显示并非如此。即使在同样的学校环境下，单亲母亲的孩子在行为问题上的性别差异也比双亲家庭孩子的大。特别是，研究人员并没有发现，入园年龄不同、早期上学时是否由女老师管教，以及是否有更多调皮的同伴这些差别，对于行为问题的性别差距会产生系统性的影响。

另一组经济学家在 2019 年发表的一项相关研究同样发现，不利的家庭环境对男孩的早期发展有着严重的、不成比例的损害。[5] 这些研究人员分析了佛罗里达州 1992—2002 年间出生的 100 多万名小学适龄儿童的数据。正如伯特兰和潘那样，这些研究人员也发现，在社会经济地位较低的家庭中长大的男孩比女孩存在更多的纪律问题，在学校遇到的麻烦也更多。在该研究中，他们对社会经济地位较低家庭的定义是未婚母亲、年轻母亲、受教育程度较低的母亲或怀孕后享受医疗补助的母亲的家庭。即使观察了超过 28 万对兄弟姐妹的样本，专门研究来自同一个家庭环境中的男孩和女孩的情况，他们得出的结果也是一样。与女孩相比，男孩发生行为问题的比率相对较高，来自弱势家庭的孩子发生行为问题的比率更高。进一步的研究发现，家庭环境对男孩和女孩发展的影响，远远超出了孩子居住的社区或他们就读的学校环境的影响。尽管这些研究人员的研究不像伯特兰和潘那样直接关注家庭结构，但他们的研究结果进一步支持了家庭环境对孩子行为问题的影响有性别差异这一命题。

让我们回到玛丽安·伯特兰和杰西卡·潘的研究，为什么在单亲家庭中长大的男孩比女孩更有可能表现出外化性行为问题？作为课题的一部分，研究人员分析了这个问题。他们首先考虑的是，与双亲家庭中的男孩和女孩相比，在单亲家庭中，儿子获得的养育时间是否普遍来讲比女儿的要少？有证据表明，在这方面的确存在一些细微的差距。在幼儿发展纵向研究的数据中，单亲母亲往往认为，她们与儿子的情感距离相对较远（具体表现为"亲情温暖"较少），也更有可能打过儿子（具体表现为"管教更严厉"）。此外，美国人时间使用情况调查的数据显示，单亲母亲花在养育儿子上的时间比花在女儿身上的要少。然而，在单亲家庭中观察到的这种性别差异只比在双亲家庭中观察到的稍大一点。

研究人员发现，与女孩相比，父母的养育时间和养育方式对男孩的影响要大得多。因此，在这方面的微小差别就会造成巨大的性别差异。男孩的非认知技能的发展对父母的养育方式和养育时间极其敏感，比女孩要敏感得多。例如，研究人员发现，当男孩在家里得到父母更多的关爱时，他们在五年级时出现外化性行为问题的可能性就会大大降低；但对于女孩来说，则基本上没有影响。同样，对于男孩来说，如果在家里总是被打屁股（作为惩戒手段），那么他们在幼儿园里出现行为问题的可能性更高；但对于女孩来说，基本上没有影响。研究人员指出，和亲生父母共同生活的孩子往往会获得更多的关爱和更少的体罚。由于男孩对不同的养育方式极其敏感，所以双亲家庭和单亲家庭对男孩成长的影响比对女孩的影响大，即使男孩和女孩都生活在相同的家庭环境中，结果也一样。

这种解释与从资源的角度解释家庭结构的影响是一致的，也就是说，父母为了孩子成长的家庭环境和童年经历投入的资源，包括在孩子身上的花费、投入的时间和情感等，最终会影响孩子将来的机会和成就。因此，资源越多，孩子的成就越高。伯特兰和潘的新发现是，父母的养育时间和养育方式对男孩的行为问题影响尤其大。一般来讲，单亲母亲家庭养育子女的时间较少，关爱程度较低，因此和女孩相比，在这种家庭中长大的男孩就会处于特别不利的地位。

这些研究揭示出一个不可忽视的事实——儿童不仅对家庭环境敏感，而且他们的很多方面都是由家庭环境塑造出来的。因此，当日常生活的艰辛剥夺了单亲母亲养育孩子的时间，而且当这种剥夺的时间多到一定程度，以至于一看到伯特兰和潘的研究就感同身受时，我们就有了一个机会，可以观察到不平等是如何产生、传播和加剧的。这样的结果既不公平又令人痛心，而且，深受其害的不只是孩子。每当一个孩子没有得到足够的养育时，就有一个母亲正在耗尽时间和精力，不停地工作、支付账单、照顾和养育这个孩子（或几个孩子），而且往往只能靠她一个人苦苦支撑。我们也应该同情那些消失的父亲，他们中的许多人自己过得也很难，身不由己，无力履行父亲的职责。

这里值得再重复一句——鞠育之苦，所不忍言。比起那些有忠诚的配偶或者伴侣陪伴在身边的母亲，单亲母亲通常要承受更大的压力。任何曾经养育过孩子的人听说单亲母亲更有可能对孩子疾言厉色或者表现出的关爱较少时，恐怕都不会感到惊讶。因为更有建设性的育儿方法需要足够的耐心和时间，而一个人压力重重时，很难耐下心和花时间这么做。伯特兰和潘观察到这种现象对年轻男孩的严重影响还会走向一种新的、有害的倾向——男孩在缺乏关爱的环境中长大，会产生一些男性特有的行为。这些行为不仅让孩子陷入困境，也让成年人陷入困境。伯特兰和潘记录了很多男孩在这种养育方式下出现的外化性行为问题。在他们身上从幼儿园开始就会出现这种现象，一直持续到中学时期，愈演愈烈。这些行为让他们走上了一条麻烦不断的道路，比如陷入刑事司法系统的麻烦当中，比如只能维持较低的受教育水平。这种不幸的人生轨迹是许多男孩没有发挥出自己潜能的部分原因。

在 2019 年的一项研究中，研究人员在佛罗里达州的行政数据中发现，男孩和女孩之间在行为问题上的性别差距在黑人儿童中最为明显——比起其他群体的男孩，黑人男孩更容易受到父母角色缺席的影响，也更容易在学校中出现外化性行为问题。我们从上文中也可以看到，美国黑人孩子在停学率（男孩的比率较高）和取得大学学历（男孩的比率较低）方面的性别差距最大。该项目的研究人员认为，生活在单亲母亲家庭中的黑人儿童比例较高，可以在一定程度上解释黑人儿童在行为问题上体现出的巨大性别差异。同时我推测（有相当程度的把握），美国对黑人男孩和黑人男性的歧视和种族敌意也是导致性别差距的部分原因。黑人男孩面临的不利地位是一种恶性循环，在不断地制造悲剧性后果。

本章话题中的另一个角色就是所谓消失的父亲，这是一个长期以来对黑人家庭影响最大的重要社会问题。哈佛大学划时代的社会学家威廉·朱利叶斯·威尔逊对这个话题进行了最广泛的研究。他写过一篇论文，探讨黑人男性结婚率较低的原因，并将其与黑人男性就业率较低的现象联系了起来。由于结构性的歧视，黑人男性本就不多的就业机会变得更少，它导致了黑人成年人的结婚率较低。与此相关的是，美国对黑人男性的大规模监禁也导致了黑人男性从家庭和社区中消失。研究证明，从 20 世纪 80 年代实施的对毒品犯罪强制性的最低刑期到男性监禁率的上升，再到结婚率的下降，它们之间都存在因果关系。[6]

虽然这本书主要关注的是儿童生活中阶层差距的显著性，但我们无法忽视这样一个事实——与白人、拉美裔和亚裔儿童相比，黑人儿童在没有父亲的家庭中长大的可能性要大得多。正如我们在第二章中看到的那样，54% 的黑人儿童与单亲母亲生活在一起，而白人儿童的这一比例仅为 15%，拉美裔儿童的比例为 27%，亚裔儿童的比例为 9%；而且，没有四年制大学学历的黑人母亲的比例也更高。

社区中黑人父亲出现的比例高，则该社区黑人男孩的向上流动性就高。

许多黑人家庭没有父亲。这不仅对这些家庭的孩子不利，对社区中的其他男孩也不利。2019 年，哈佛大学机遇洞察实验室（Opportunity Insights research lab）进行了一项研究，由经济学家拉吉·切蒂（Raj Chetty）、内森·亨德伦（Nathan Hendren）、玛吉·琼斯（Maggie Jones）和索尼娅·波特（Sonya Porter）共同完成。这几位研究者发现，观察社区中黑人父亲出现的比例，可以非常准确地预测这里黑人男孩的向上流动性高不高。[7]这项研究过去是、现在仍然是一个里程碑式的证明，说明一个社区中黑人父亲出现的比例高，不仅对他们的孩子有利，而且对社区中的其他男孩也有利。

像我们这种体验过父亲疼爱或者见过好父亲的人，会深切地体会到，在一个充满挑战的环境中，家里有父亲或者有一个能充当父亲角色的人，对孩子有多大的好处。父亲的存在能给孩子带来温暖和安全感。2021年，发生在路易斯安那州什里夫波特市（Shreveport）的一则广为流传的新闻故事正好说明了这一点。在这里的一所高中，由于暴力事件激增，72小时内有近20人被捕、被勒令停学或受到其他纪律处分。于是，一群父亲来到这所高中做起了志愿者。[8]在《早安美国》（*Good Morning America*）这档专题节目中，五位父亲讲述了他们如何开始做"值守爸爸"的故事——他们每天来学校，而且会出现在体育比赛和学校舞会上。他们不干别的，只是做父亲。这五个人既不是保安，也不做任何维持秩序的事。人们看到的就是友好的，甚至有些土气的父亲：穿着印有"值守爸爸"字样的 T 恤，每天早上欢迎学生来学校，讲一些自以为幽默其实并不好笑的笑话，在课间和课后与学生散步聊天。其中一位父亲解释道：

"虽然我们的头衔是'值守爸爸'，但其实我们也是值守叔叔，甚至可以说是社区里的值守代表。因为有些孩子没有父亲，或者与父亲的关系不太好，我们的目的是让他们看到与成年男性正确的关系应该是什么样。"[9]

这所路易斯安那州高中的校长说，这些父亲的努力产生了巨大的正面效果。学校在新学年开始时面临严重的帮派暴力，在父亲们出现后变得越来越少。实际上，路易斯安那州的这五位父亲以事实说明了机遇洞察实验室的团队在统计上（使用了数百万人的数据！）发现的事情——黑人父亲的存在对黑人孩子，尤其是黑人男孩的成长有非常大的帮助。

哈佛机遇洞察实验室的研究不仅分析了黑人父亲对男孩的影响，而且还描绘了整整一代美国人在经济上的流动性。"代际流动性"（intergenerational mobility）这一概念比较的是一个人在童年时期的家庭收入（或家庭收入在收入分配中的位置）和这个人成年后的家庭收入（或家庭收入在收入分配中的位置）。在机遇洞察实验室的研究中，切蒂和他的同事们追踪了 1978—1983 年间美国出生的大约 2000 万儿童

（不是笔误，的确是 2000 万儿童，这基本上是这五年内美国出生的全部人口）的收入变化。研究人员利用经过修订后的税务记录，按照多种标准计算了代际流动性，包括低收入家庭的孩子成年后获得高收入的可能性。然后，他们进一步分析数据，量化性别差距和种族差距，以确定哪些人的经济流动性更高，哪些人的经济流动性更低。

这项研究的几个发现很有启发性。在追踪黑人女孩和白人女孩在代际流动性方面的差距时，研究人员发现，一般来讲，她们之间没有差距——在父母收入水平相同的环境下长大的黑人女孩和白人女孩，成年后的收入水平也差不多。事实上，在父母收入相同的情况下，黑人女性在收入分配上的位置还比白人女性高一个百分点，在工作时长上差不多。在类似的比较中，研究人员发现，随着年龄的增长，在收入相似的家庭中长大的黑人男性的工资（和就业率）明显低于白人男性。

更宽泛地说，出生在收入分配底层家庭的黑人男孩成年后向上流动的机会最低——不仅与出生在低收入家庭的白人、拉美裔和亚裔男孩相比时如此，与出生在低收入家庭的黑人女孩相比时也如此。这项研究在基于父母收入的情况进行横向比较后还发现，黑人男性和白人男性在高中辍学率、大学

　　　　　　　　　　　　　不结婚的社会

录取率、就业率和监禁率方面存在相当大的差距。在所有情况下，黑人男性和白人男性间的差距都大于黑人女性和白人女性间的差距。

研究人员还考察了在什么样的社区中，黑人男孩的向上流动性较高，黑人与白人在代际流动性上的差距较小。数据显示，即使黑人男孩和白人男孩生活在同一个人口普查区（也就是社区）当中，黑人男孩向上流动的机会也较小。因此，即使黑人男孩通常生活在低收入社区，上的学校更差，经济机会不足，这些也不能完全解释黑人男孩和白人男孩在代际流动性上的差距。研究人员发现，如果黑人男孩和白人男孩同样生活在贫困率低、考试成绩高或大学毕业率高的社区，他们成年后的收入都明显更高。然而，在这样的社区中，黑人男孩和白人男孩之间的差距甚至更大。因为一般而言，白人男孩可以利用这些优势取得非常好的成就。

如果一个社区有这样两个特征，会对生活在低收入家庭中的黑人男孩特别有利，可以帮助他们在成年后获得高收入——一是他们居住的社区种族歧视现象比较少，二是有比较多的黑人父亲和他们的孩子生活在一起。对于第一点，研究人员通过这些社区在谷歌搜索中出现种族偏见字样的比例，确定这个社区种族偏见的程度。他们发现，如果一个社区里白人针对黑人的种族歧视较少发生，贫困率也比较低，那么在这个社区长大的黑人男性成年后赚的钱更多，遭到监禁的可能性也更小。其次，在一个社区中，低收入黑人家庭中父亲出现的比例越高，黑人男孩取得的成就也越高。不过，这一点不能预测黑人女孩和白人男孩成年后的表现。换句话说，在一个社区中，如果黑人父亲出现的比例高，那么黑人男孩就非常有可能在成年后取得好的成就，并且在向上流动的比例上，与白人男孩之间的差距更小。

举例来说，在马里兰州银泉市（Silver Spring，贫困率为4.7%，63%的低收入黑人家庭中有父亲住家）、弗吉尼亚州亚历山大市（Alexandria，贫困率为7.3%，53%的低收入黑人家庭中有父亲住家），或者纽约的皇后区（Queens Village，贫困率为8.1%，56%的低收入黑人家庭中有父亲住家）长大的黑人男孩，向上流动性较高。而在库克县（Cooker County）、芝加哥市或洛杉矶南部这样的地方长大的黑人男孩，他们的向上流动性就较低——这些地区的贫困率超过40%，只有大约25%的低收入黑人家庭中有父亲住家。

但这些居住地上的差异，在全体人口当中并没有表现出来：目前只有不到5%的黑人儿童居住在贫困率较低（低于10%）且半数以上的黑人家庭中有父亲住家的人口普查区中。

相比之下，有 62.5% 的白人儿童居住在贫困率较低且半数以上的家庭中有父亲住家的人口普查区中。在这里，我们可以看到美国社区的种族隔离对当前的影响。几十年来，美国抵押贷款和住房市场上"划红线"*的歧视性的做法，更加强化了这一现象。[10]

"负责任的父亲"项目能解决美国父亲消失的问题吗？

人们对于有父亲在身边（不仅是自己的父亲，还可以是邻居家中的父亲）能够带来的经济效益做了大量研究。这些研究提出了一个明确的问题——需要做些什么才能让更多的父亲参与到家庭和社区生活中来？这是一个重大而敏感的问题，引起了全国各地各种创新项目的积极响应。不少项目

---

* 所谓"画红线"（redlining）， 最早出现在美国 1934 年的国家房屋居住法案（The National Housing Act of 1934）中。该法案允许社会服务机构，如房屋贷款和公共设施等，将城市居住区按种族、收入等因素划成不同等级的区域。对于不予投资或提高投资要求的区域用红线标出，以示区别对待。房屋贷款金融机构也根据"画红线"标示的区域决定是否提供贷款服务。其他社会服务，如就学、就业，甚至商业服务也随之跟进，以"画红线"标识为参考依据提供服务。很明显，这是带有强烈歧视性的法规和商业运作手段。——译者注

都采用这样一种做法：让孩子与父亲在他们觉得舒服的地方见面。这种方法一方面承认，各种经济上的、亲密关系上的，或是个人上的障碍，阻碍了父亲更多地参与到孩子的生活当中；另一方面也强调，父亲出现在孩子的生活中对孩子有好处。

美国卫生与公众服务部家庭援助办公室（US Department of Health and Human Services Office of Family Assistance）目前通过各州和地方政府以及社区组织，为和父亲有关的家庭项目提供了数十笔补助。[11] 该联邦办公室还负责维护"国家负责任父亲交流中心"平台（National Responsible Fatherhood Clearinghouse，网址：www.fatherhood.gov），为父亲、从事这方面工作的人员、各种项目、各州政府，以及其他"对帮扶父亲和家庭工作感兴趣"的个人、机构提供服务和联邦资源。这类努力反映了社会政策的一个重要转变——从过去几乎完全注重在经济上帮助单亲母亲、把父亲基本上排除在抚养子女的措施之外，到开始关注父亲的情况。随着时间的推移，这些项目也在不断发展，从注重强化婚姻关系〔这也是布什政府 2001 年发起的"美满婚姻倡议"（Healthy Marriage Initiative）的明确重点〕到强化各种类型的家庭——无论双亲的婚姻状况如何。

2011 年，美国卫生与公众服务部与一家名为和数（Mathematica Inc.）的私营公司签订合同，对旨在强化和凝聚家庭的各种举措进行了大规模的随机对照研究。在 2012—2015 年期间，研究人员针对四个"负责任的父亲"项目中的 5500 名父亲进行了跟踪研究。研究人员把这些父亲们随机分配到不同的项目当中，这意味着一些父亲接受了项目的服务，而另一些没有，这能让研究人员以此将他们后期结果上的差异归因到这些项目的效果上。[12]（假如这项研究不是把这些父亲们随机分配到不同的项目当中，特别是假如这些父亲是主动选择加入某个"负责任的父亲"项目，最终得出的因果关系就不那么可靠了。）参与这些项目的父亲，大多数都没有和孩子生活在一起，对孩子的母亲也没有多少感情。

随机对照试验的结果令人鼓舞。参与其中一个项目的父亲们在一年后对抚养孩子这件事表现出了更多的热情——这一点是通过他们自我陈述关于养育孩子的行为，以及他们参加与孩子年龄相匹配的活动来衡量的。养育孩子的行为包括在孩子胡闹时表现出耐心，或者鼓励孩子谈论自己的感受。根据孩子年龄的不同，适合孩子年龄的活动包括给孩子读书或讲故事、和孩子一起吃饭、和孩子一起玩，或者一起做作业。

然而，也有一些结果令人失望。参与这些项目的父亲们并没有和孩子有更多面对面的接触，也没有提供更多经济上的支持。而且，这些父亲们也没有在共同抚养子女的各种指标上取得有意义的进步，没有在社会情感和心理健康方面取得很大的改善。

在最终报告中，研究人员分享了一些他们观察到的现象，这些现象有助于解释为什么这类干预措施没能取得更大的效果。他们观察到，参与项目的一些父亲与孩子的母亲之间要么水火不容，要么早已形同陌路，而且在某些情况下，母亲更像个"看门人"，限制父亲接近孩子。研究人员建议，这些项目也许需要把重点放在改善父母的关系上，不管是爱情还是其他感情，以便帮助父亲与孩子建立更积极的关系。另一个定性发现是，尽管很多父亲很想当个合格的好父亲，但他们面临重重障碍，例如经济上不稳定、刑事司法上有麻烦或滥用药物，这让他们力不从心。凯瑟琳·埃丁和蒂莫西·纳尔逊（Timothy Nelson）在 2014 年合著的一本书《尽我所能：内城的父亲》（*Doing the Best I Can: Fatherhood in the Inner City*）中描写的正是这一主题——低收入男性想当个好父亲的愿望可望而不可即。

许多男性在经济上不稳定。这表明，如果要帮助他们成为合格的、更好的父亲，就需要为他们提供更多、更全面的服务，解决他们面临的重重障碍。如今，有这么多儿童都是由单亲抚养长大（或至少只和单亲生活在一起），其原因并不一定是成年人和前几代人不一样，对婚姻或同居不那么感兴趣，也不一定是父亲们不想和孩子长期生活在一起。目前，儿童家庭环境的高度不公平的现状，反映出当下人们遭遇的普遍的经济和社会挑战，在许多情况下，也可能反映出成年人自身成长的家庭环境的不利地位。

换句话说，这些趋势正在加剧。随着越来越多的男性失业或经常入狱，随之而来的是，越来越多的男性不会积极供养子女，不会积极投身到家庭生活中去；即使没有了经济挑战，在一段时间的疏远之后，他们和孩子的母亲重建亲密关系也非常困难。所以，当我们得知那些旨在帮助父亲参与家庭生活的"负责任的父亲"项目受制于某些因素，并没有想象中那么成功时，不用感到奇怪。这些因素实际上困扰着很多美国男性——失业、酗酒、吸毒、犯罪活动和无所事事。[13] 要想解决双亲家庭减少的问题，需要多方面的努力。

值得赞扬的是，政府机构正在尝试不同的方法。政府鼓励美满家庭的另一项举措是一项媒体宣传活动："今天腾出时间做爸爸"（Take Time to Be a Dad Today）。该活动主要在公交车站、电视或社交媒体上做广告。这些广告是"国家负责任父亲交流中心"（fatherhood . gov）于 2008 年推出的。广告中展现了父亲的许多暖心时刻，比如逗小女儿发笑，或者一边抱着小儿子一边做饭。广告在设计上非常讨人喜欢。但它们有用吗？我不确定。就我所知，对于这类广告和类似的媒体活动，我们拿不出充分的证据表明它们有用。但这一媒体宣传活动本身强调了一种认识，就是父亲的积极参与和关注育儿对孩子有利，社会也愿意帮助父亲们参与到孩子的生活当中。虽然吸引父亲参与家庭生活的重要工作仍在进行当中，但还有其他新的长期计划，这些计划旨在从其他方面改善儿童的生活。

社区导师和正面榜样有助于缩小各种差距。

父母在孩子的生活中扮演着主要的、关键的角色，但孩子也会与其他成年人互动，建立感情，并向他们学习。老师、邻居、教练，以及放学后照顾他们的人，都能帮助孩子塑造他们看待自己和看待世界的方式。所有这些成年人都有可能帮助孩子改变他们的生活轨迹，具体而言，或者是放大父母赋予孩子的优势地位，或者是在某些情况下帮助孩子弥补他们在家庭中缺乏的正面关注、监督、激励或支持。只要看看孩子们的邻居，就可以知道什么样的人可能成为他们的成年人榜样。在这一点上，低收入家庭的孩子再次处于不利地位——在他们自己的家庭和社区中不太可能有经济上成功的榜样和导师。

一个典型的、低收入家庭的孩子生活的社区中，有18.5%的成年人高中辍学；而在全国范围内，这一比例为11.7%；在典型的高收入社区，这一比例为5.6%。在同样的低收入社区，15.5%达到工作年龄的男性没有工作，几乎是典型的高收入社区的两倍（高收入社区的这一比例为8.1%）。与典型的高收入社区相比，典型的低收入社区中未婚父母家庭的数量是前者的两倍：19%对38%。[14] 随着不平等现象的加剧，这两类社区的人在经济上的差距变得更大。[15]

如果儿童会从身边的成年人那里学到对生活的看法和抱负，那么生活在高收入社区中的儿童和生活在低收入社区中的儿童会碰到不同类型的成年人，这可能会使他们在受教育水平、就业率和结婚率方面的收入差距和阶层差距永远固化下去。如果孩子们要依靠社区里的成年人指导他们学习和工作，那么与经济上成功的成年人接触较少的话，就有可能阻碍低收入家庭的孩子取得相应的成功。

儿童在学校和社区项目中接触到的成年人也会对他们的人生态度、行为举止和生活轨迹产生重要的影响。研究表明，相同性别或种族的老师可以在学习上对学生产生持久的积极影响，同样，年轻人认同的榜样也可以对他们的生活产生积极的影响。[16] 此外，研究人员还发现，一个儿童之所以性格坚强，最常见的一个原因就是在抚养他们的父母、照顾者或其他成年人中，至少有一方和这个孩子有一种稳定的、忠实的亲密关系。[17]

　　有 900 万处于社会边缘的年轻人报告说，在他们生活中的各个领域从未有过任何形式的成年导师。[18] 下面我会介绍一些以社区为基础的为年轻人提供指导的项目——由一些积极的成年人作为榜样和导师，为社会经济地位处于劣势的年轻人提供帮助，缩小他们在这方面的差距。事实证明，这些项目是有效果的。[19] "美国大哥大姐"（Big Brothers Big Sisters of America，BBBS）项目发起于一个多世纪前，是美国历史最悠久、规模最大的青年辅导组织。该项目通过严格的筛选程序将导师和受指导者配对，并鼓励他们一起完成自己选择的各种活动。据项目组织称，在美国的 50 个州里，共有 240 个该项目的机构在运作。仅在过去十年里，该项目就为近 200 万青年提供了导师服务——主要服务于单亲家庭或处于困境中的儿童。在 2019 年他们服务的近 13.6 万名年轻人中，57% 来自单亲家庭，16% 的父母被监禁，79% 来自接受收入补贴的家庭。[20]

在 1995 年进行的另一项随机对照试验中，人们将接受"美国大哥大姐"项目服务的青少年和申请了该项目但未接受服务的青少年进行比对考察，看他们在个人成长上是否有改善。这项研究由一家名为"公共或私人投资"（Public/Private Ventures）的非营利机构的研究小组进行，研究对象是 1992 年和 1993 年在八个城市申请"美国大哥大姐"项目的 959 名 10—16 岁的青少年。[21] 他们发现，"美国大哥大姐"项目申请人在接受导师指导期间，使用非法药物的可能性降低了 46%。这一结果对于男孩最为明显——男孩减少了 55%，而女孩减少了 27%。在少数族裔的男孩中，这个比例下降的幅度最大，为 68%。申请人在接受导师指导期间，开始饮酒的可能性也降低了 27%。研究结果还表明，接受导师指导的申请人学习成绩更高，逃课次数更少。但在对学习成绩的影响上，女孩大于男孩。

这项评估结果显示，对于来自弱势家庭的青少年来说，导师对他们的生活有显著的影响。该评估结果还显示，以社区为基础为年轻人提供指导的项目是有效果的，这也吸引了政策制定者的注意。2002 年 1 月，小布什总统（George W. Bush）发布了一项官方声明，宣布每年 1 月为全国辅导月（National Mentoring Month）。该声明称："导师在孩子的生活中扮演着重要的角色，尤其当父母不在孩子身边的时候更是如此。让导师参与到孩子的生活中，可以照亮孩子的未来，帮助维持一个健康的家庭，让社区变得更有活力。"[22]根据作者当天访问"美国大哥大姐"网站的数据，全国有数千名青年男女等待分配导师，等待名单上的男孩是女孩的两倍多。[23]为家庭中遇到困难的青少年提供指导的工作一直在进行当中，而且需求量很大。

和"美国大哥大姐"项目一样，"成为一个真正的男人"（Becoming a Man，BAM）项目也是另一个得到充分证据支持的指导计划。它主要指导处于逆境中的年轻人，特别是男孩。"成为一个真正的男人"项目比较新，最早于 1999 年在芝加哥南部启动。和早期的"美国大哥大姐"项目一样，它也是由一个年轻人创立的，旨在帮助陷入困境的男孩。这位年轻人名叫安东尼·迪维托里奥（Anthony DiVittorio），在芝加哥西南部长大，母亲离异，父亲经常不在家，还有暴力倾向。在获得了心理学硕士学位后，他受雇于芝加哥一个非营利组织——青少年指导机构（Youth Guidance），专门帮助那些被学校开除的孩子。迪维托里奥在设计这个项目时，利用了自己对这些孩子经历的创伤的切身体会，以及他在认知行为疗法方面的专业知识。[24] 2001 年，迪维托里奥在芝加哥的克莱门特中学（Clemente High School）待了大约十周，指导一群男孩，和他们讨论作为一个男人要面对的挑战，以及健康的自我表达模式。他的项目最终在 2003 年正式更名为"成为一个真正的男人"。这个项目围绕着六个核心价值观展开——正直、有责任心、正确表达愤怒、自觉自主、尊重女性，以及设立有远见的目标。项目的参与者会进行角色扮演和小组练习，学会循序渐进。指导者还运用认知行为疗法帮助他们控制冲动。[25]

芝加哥大学犯罪实验室（University of Chicago Crime Lab）的研究人员进行了两次随机对照实验，以评估"成为一个真正的男人"项目对它所服务的年轻人的影响。第一次实验，研究人员在 2009—2010 学年，将 2740 名七年级到十一年级的学生随机分到对照组和实验组中，进行了为期一年的研究；第二次实验，他们在 2013—2015 学年，对 2064 名学生进行了为期两年的随机对照实验。两次实验的结果都表明，参与"成为一个真正的男人"项目的学生在个人成长上都有进步。与对照组的男孩相比，被随机分配到"成为一个真正的男人"项目中的男孩，总被捕比例下降了28%—
35%，被暴力拘捕的比例下降了45%—50%，学习投入情况
也有所提高。第一次实验的后续数据显示，参与该项目的男
孩高中毕业率提高了12%—19%。[26]

这个项目引起了奥巴马总统的注意，他在白宫邀请了
2013年参与"成为一个真正的男人"项目的一些学生。2014
年，一位该项目的参与者在奥巴马总统发起的"兄弟守望
者"（My Brother's Keeper）工作组启动仪式上向听众介绍
了奥巴马总统。这一工作组的目的是，促进和扩大那些旨在
帮助有色人种的年轻男性和男孩在学习和工作上取得成功的
各种项目。[27]根据该项目2019年的年度报告，当年，在芝
加哥、波士顿和库克县总共有8000名学生参与了"成为一
个真正的男人"项目。该项目正在计划将其服务扩展到其他
城市。[28]

"成为一个真正的男人"和"美国大哥大姐"项目都
源于这样一种信念——在困难环境中长大的孩子，往往没有
和父亲共同生活，因此他们的不利地位不仅体现在缺乏经济
资源上。儿童在成长道路上，需要成年人帮助他们克服无数
的逆境和创伤，以便在学校和踏入社会以后能能够茁壮成长。
这些项目并没有解决在没有父亲的家庭中长大的孩子比例越

来越高这个问题，但它们确实缓解了这种趋势对年轻人，尤其是对男孩的不利后果。它们可以帮助人们打破这种不利地位的恶性循环。[29]

诸如"成为一个真正的男人"和"美国大哥大姐"这种项目在帮助弱势家庭的孩子方面已经取得了成功，并把他们的服务推广了出去。政府和慈善团体可以（也应该）支持这些项目。毕竟，这些项目可以帮助许多孩子弥补他们在家庭中面临的不利环境。但这些项目在大规模推广时也会遇到挑战，费用也会很高。我们的理想是，竭尽全力找到更多的办法，解决这些家庭面临的各种不利情况。我们将设法使更多的父母能够持续可靠地供养他们的孩子。

总结

现在有太多的男孩生活在困境当中。在行为问题、学习成绩和工作挣钱方面，男孩和年轻男性的处境都比女孩和年轻女性的处境差。和女孩相比，男孩如果在没有父亲角色的家庭中长大，受到的负面影响更大。这一点和上述的性别差异有关。严谨的学术研究进一步证明，家里有父亲对男孩有好处；而且对于黑人男孩来说，黑人父亲在社区里出现的比例高，对这个社区中所有的黑人男孩都有好处，能缩小他们在成长上和其他族群的种族差异。

　　我们不能放弃这些父亲，不能看着他们不断从经济和家庭生活的边缘跌落下去。长期以来，美国的社会政策几乎都是帮助单亲母亲和孩子的，对父亲的帮助杂乱无章。没有人帮助他们克服生活中面临的各种障碍，帮助他们承担起抚养孩子的责任。最近有一种方法，能从整体上帮助一个家庭，同时帮助父亲和母亲参与到抚养孩子的过程中来。这种方法很有希望。但不幸的是，即使在那些很想与孩子有更多接触的父亲中，也有许多人因为面临重重障碍而无能为力。在这个国家，要想帮助孩子，必须先帮助父亲。而帮助父亲就需要解决数百万成年人面临的广泛的经济和社会挑战——比如失业、大规模监禁、未经治疗的精神疾病，以及阿片类药物管控等。

第七章

生育率下降

研究发现，势态恶化导致美国女性推迟生育。

——《洋葱》（*Onion*）[1]

1996 年 1 月，克林顿总统在白宫发表讲话，谈到了未成年早孕，并称其"既是道德问题，也是个人问题"。在美国，未成年早孕现象在 20 世纪 50 年代婴儿潮时期达到顶点，又在随后的几十年里稳步消退，接着从 20 世纪 80 年代末开始再次涌现。克林顿对记者说，这个问题"已经非常严重，对美国的经济和社会造成了相当大的影响"。[2] 他宣布，美国两党会共同努力降低美国青少年早育的比例，并发起全国预防未成年早孕运动（National Campaign to Prevent Teen Pregnancy）。同时，克林顿还在 1996 年的国情咨文中说："为了巩固家庭，我们必须尽一切努力降低未成年早孕的比例。"[3]

值得注意的是，美国的青少年早育率确实下降了，自 1996 年以来下降 70% 以上，达到了有史以来的最低水平。然而，相较之下，在同一时期，单亲母亲家庭的比例却上升了。这两个看似完全相反的趋势，让未成年早孕问题变得更加引人注目。鉴于青少年早育率下降，随着时间的推移，青少年父母会越来越少，这就让单亲母亲家庭比例上升的问题显得格外突出了。

在美国，生活在未婚母亲或无伴侣母亲家庭中的孩子越来越多；与此同时，不仅是青少年生育率在下降，总体生育率也在下降。因此，在今天的美国，生活在单亲家庭中的孩子越来越多，这反映的是结婚模式而非生育模式的变化。它反映的是有孩子的夫妇结婚的可能性越来越低，而不是生育率的增加——既不是整体生育率的增加，也不是历史上特定群体（非婚生育或单亲母亲群体）生育率的增加。

十多年来，美国的生育率一直在下降。

美国的年生育率打破了以往多年的平稳状态，自2007年以来，一直在稳定地、幅度明显地下降。在1980—2007年的近30年里，美国15—44岁女性的生育率一直徘徊在每1000名女性生育65—70个孩子之间。而且，生育率的变化模式呈现可预测的周期性——经济衰退时生育率下降，经济复苏时生育率反弹。但在2007年的经济大衰退（Great Recession）前后，情况发生了变化。一开始，正如人们在经济衰退时期预料的那样，生育率急剧下降。然而，当经济好转时，生育率却没有恢复，而是从此稳步下降。截至2020年，美国15—44岁女性的生育率为每1000名女性生育55.8个孩子。（同样在这40年里，美国的堕胎数量也在稳步下降。所以，最近生育率的下降反映的是怀孕率的下降，而不是堕胎率的上升。[4]）

美国生育率的下降并不是由任何一个女性亚群体造成的。不过，某些群体的下降幅度的确大于其他群体，尤其是青少年群体，她们的生育率下降幅度非常大。图7.1绘制的是5个不同年龄段的生育率：15—19岁、20—24岁、25—29岁、30—34岁和35岁及以上。从图中可以明显看出，自20世纪90年代初以来，青少年生育率急剧下降。青少年生育率在1991年达到峰值，每1000名15—19岁的女性生育62.4个孩子。此后逐步下降，2005年降至40.8人，2019年一路降至每1000名15—19岁的女性生育16.7个孩子。30年来，这个比例下降了73%。如上所述，这是自政府开始收集此类数据以来美国青少年生育率最低的时期。

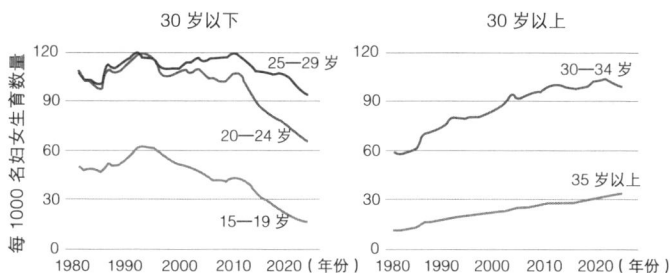

30 岁以下   30 岁以上

图 7.1 1980—2019 年美国生育率

（按每 5 岁间隔一个年龄段划分）

数据来源：作者使用国家卫生统计中心以及当前人口调查中 1980—2019 年的出生数据进行计算。

  并不只有青少年的生育率下降了。20—30 岁女性的生育率也比 20 世纪 90 年代要低。事实上，从每个年龄组的生育率看，只有 30 岁以上的女性的生育率比几十年前要高。但对于国家总体生育率的影响而言，30 岁以上妇女增加的生育数量仍然低于 30 岁以下妇女减少的生育数量，因此总生育率还是低于前几十年。

  此外，每个妇女生育的孩子数量也比以前减少了。目前，美国妇女一生中预计生育子女的平均数量远低于 2。而只有达到这个数字，才能避免美国人口（在移民不增加的情况下）减少。关于人口问题带来的经济上的挑战，是国家要面临的另一个问题，比如，劳动力减少，以及对于社保及医疗保险等项目的财政输入持续减少等。[5] 尽管人们都在谈论这些项目面临的财务挑战，但这些项目面临的最大威胁很可能来自向这些项目缴费的人越来越少。

在受教育水平不同的女性中，生育率下降最大（我在这里具体指的是，平均而言生育的孩子更少）的是没有高中学历的女性。特别是自 2000 年以来，这一群体的生育率急剧下降，从 1980 年的 73.2‰ 下降到 2019 年的 39.3‰。这一下降在很大程度上反映了青少年生育率的下降。同样是在这 30 年里，拥有高中学历女性的生育率没有太大变化，受过大学教育的女性的生育率总体上一直在缓慢下降。

如果所有这些变化都是在并无其他社会规范同步发生变化的情况下自己发生的（也就是经济学家所说的，"在其他条件不变的情况下"），那我们可以预期，青少年和 20 多岁女性生育率的大幅下降，将导致非婚生育以及生活在单亲家庭中的孩子的比例大幅下降。毕竟，我们知道，年轻女性和受教育程度较低的女性更有可能非婚生育；如果这些女性生的孩子减少，那么新生儿更有可能是由已婚父母生的，对吧？然而，并非如此。正如我们看到的那样，其他条件并没有保持不变——而且与此最相关的是，结婚率下降了！因此，尽管现在的女性生孩子的年龄比过去更大，受教育程度更高，但她们现在也更有可能非婚生育。

就各种族和民族群体的生育趋势而言，到目前为止，拉美裔妇女的生育率下降得最多。自 1990 年以来，拉美裔妇女的生育率下降了惊人的 43%，而此前拉美裔妇女的生育率是最高的，且遥遥领先其他群体。非拉美裔黑人和亚裔妇女的生育率也出现了大幅下降，但降幅略小，在同一时期分别下降了 24% 和 30%。与此同时，在非拉美裔的白人妇女中，生育率下降得最不明显；1990—2019 年间，只下降了9%。历史上，在拉美裔妇女和黑人妇女中，单亲母亲的比例一直较高；因此，如果其他条件保持不变，那么这些种族和族裔群体的生育率下降将导致单亲母亲家庭中的儿童比例下降。但是同样，其他条件变化了；也就是说，在所有种族和族裔群体中，未婚妇女生育的比例都在增加。

简单回顾：近年来美国生育率持续下降，原因何在？

所有这些数据都对我们很有启发，但问题依然存在：为什么生育率一直在下降？关于这一点，有很多可能的解释。第一个解释是，2007 年的经济大衰退造成了生育率的下降。这并不令人意外。纵观经济史可知，经济衰退时生育率下降，经济复苏时生育率反弹。经济陷入低迷时，个人经济状态不稳定，人们往往会避免生育。但令人困惑的是，为什么在 2007 年经济大衰退结束之后，美国的生育率仍旧没有恢复？为什么年生育率依然在下降？

对此，媒体的解释和公众的猜测通常包括抚养后代的成本越来越高、学生贷款的负担越来越重、女性希望保持职业生涯的愿望越来越强烈等。总而言之，人们有一种普遍的共识，就是认为当今社会的生活压力，使人难以承受养育子女要面临的全方位的挑战和各种花费。2021 年 6 月新冠疫情期间，以讽刺新闻而闻名的媒体《洋葱》十分应景地发表了一篇虚构的时事文章，其标题十分诙谐——"研究发现，势态恶化导致美国女性推迟生育"（"Study Finds American Women Delaying Motherhood because the Whole Thing Blows."）。文章引用了社会学家的一项虚构的研究结果，发现"女性在不断地推迟生育计划。因为育儿这种事令人筋疲力尽，而且代价高昂，生儿育女就是在给自己添堵"。[6]这当然是讽刺，但《洋葱》说的有什么不对吗？如今，成年人选择减少生育或干脆不生育，难道不正是因为他们觉得

　　　　　　　　　　　　　不结婚的社会

养育子女这件事没有那么美好，或者说无儿无女也没有那么糟糕吗？

　　这种说法是有证据支持的。2022年，我与经济学家菲尔·莱文、卢克·帕杜（Luke Pardue）共同发表了一份研究报告。我们在报告中提出，发生在几代年轻人身上的"优先事项转变"（shifting priorities），最有可能解释近年来美国生育率下降的问题。我们对1970—1995年间出生的女性的生育情况展开调查。这些出生和成长于不同时代的女性，她们的经历截然不同。20世纪80年代出生的女性在21世纪最初十年达到20多岁的年纪；而出生于20世纪70年代的女性则在20世纪90年代达到20多岁的年纪。不同年代的经历给这些女性打上了不同的烙印。在研究中我们发现，每一代女性都比上一代女性更不想要孩子——而这并不是当时的经济环境或者政策因素造成的。换句话说，并不是在2007年前后，突然间，养育子女的费用变得更加昂贵，或者避孕措施变得更加有效，导致生育率下降。事实是，越晚出生的年轻人，生儿育女这件事对他们的吸引力就越低。

　　我们分析了公共政策和经济条件的变化对生育率的影响。这两点解释不了大多数生育率下降的情况。我们发现，公共援助福利的可用程度和规模，的确对生育率有一定的影响，但影响不大。同样，劳动力市场的波动和国家最低工资水平的浮动，也会导致生育率发生一些变化，但从统计数据上看，只能解释生育率变化的很小一部分。其他美国各州的经济和政策因素，诸如儿童抚养费的执行支出、要求未成年人堕胎必须知会父母的法律法规、堕胎强制等待期、要求将避孕药品纳入私人健康保险计划的政策法规、2010年平价医疗法案（Affordable Care Act）出台后医疗补助计划的扩张、将性教育课程和避孕指导纳入必修课等，从统计数据上看对生育率的影响几乎为零。这些政策对生育率的变化几乎没有影响的调查结论，与早先另一项关于1981—2010年间经济和政策因素对青少年生育率影响的研究结果如出一辙。[7]

当然，美国人生育年龄和生育方式的变化，不一定都与政策、经济方面的逐年变化有关。包括社会变化在内的缓慢因素同样会产生重大影响。但经济学家及所有社会科学领域的专家们面临的问题是，从统计学的角度看，他们很难用因果关系将这类因素和特定的结果（在这里指生育率）联系起来。尽管如此，通过对这些数据的发掘探索，研究人员还是可以提供描述性的证据。我们在2022年的研究中就进行了这样的工作。我们对各种缓慢变化的社会因素，与较长时期内生育率变化之间的潜在联系进行了深入分析。这些缓慢变化的社会因素包括：长效可逆避孕措施（Long-Acting Reversible Contraception，通常简称为 LARCs）的进一步广泛使用，儿童养育费用的上涨，住房成本的上升（以租金价格衡量），学生债务负担的增加（这会降低成年人可支配收入的水平），女性经济地位的改善（这会增加女性时间的机会成本），宗教仪式的减少（因为宗教信仰更虔诚的人往往有更多的孩子）。

为了研究这些因素和生育率的关系，我们将上述这六个领域的数据分别与 2004—2008 年和 2014—2019 年这两个时间窗口期美国生育率的变化进行了交叉参考。结果相当明确：我们并没有发现任何证据表明，这六个因素对于生育率变化的普遍趋势有明显的影响。例如，这些数据并未表明，州一级儿童照管价格或租金价格的变化与该州总体生育率变化之间有关联；同样，也没有任何迹象表明，州一级学生债务的增加与该州生育率的下降有关。在这两个时间窗口期，我们也没有发现任何衡量女性经济地位变化的指标与生育率之间存在联系。这并不是说，女性在经济和劳动力市场的角色变化没有对过去几十年的生育率产生影响，我们的研究只是表明，在 2007—2020 年期间，上述这些变化可能并没有在生育率下降这一问题上起主要作用。尽管我们测量到，这段时期人们的宗教虔诚度有所下降，但数据并未表明，在宗教虔诚度下降最多的州，生育率的下降幅度更大。

是只有美国存在生育率下降的现象，还是其他国家也面临同样的问题？由于各国生育统计的测量标准不尽相同，在进行这类比较时，情况会有些复杂。美国传统上采取年生育率的统计方法，而国际上通常只有总和生育率（total fertility rate，TFR）的统计数据。总和生育率是指一名妇女在其一生中生育子女的估算平均值；这是根据某一时间点上，不同年龄段的生育率估算出来的。总和生育率为 2.0 就意味着一名女性有望生育两个孩子。通常而言，总和生育率为 2.1 是确保人口正常更替的比率（保持出生和死亡的总人数大致相等）。

在整个 20 世纪 90 年代和 21 世纪开始的几年中，美国的总和生育率远远高于其他高收入国家——平均而言，美国女性会比其他富裕国家的女性生育更多的孩子。在此期间，美国的总和生育率大致可以保证人口能处于正常更替，而其他高收入国家的总和生育率普遍较低。然而，在过去大约 15 年里，美国的总和生育率大幅下降，已经接近其他高收入国家的水平，包括英国、加拿大和欧盟成员国。然而，即使在 2018 年（这是目前可获得的世界银行的最新统计数据），美国的总和生育率也高于其他地区的国家，包括斯堪的纳维亚地区——通常认为，比起美国的各种福利计划，这些国家的公共支持体系特别慷慨，可以为公民提供更多的支持。

由于缺乏明确的历史证据来解释美国生育率的下降，所以我们在研究了大量的证据后得出结论，美国生育率下降可能源于某些更根本的因素。这些因素是发生在连续几代年轻人群体中的一系列优先事项和经历的变化，而不是在过去15年间任何孤立的、容易识别的经济或政策因素的变化。20世纪80年代中期以后出生的一代（也就是2005年前后进入生育期的美国人）对自己的生活有着不同的期望（比如，对于工作或闲暇时间安排的期望），对养育子女这件事有着不同的看法。这看上去似乎合情合理，甚至理所当然。毕竟，在养育子女这件事上，要投入的时间和金钱已经非常多了。这种大规模的投入可能会让一些人不像过去几十年那样生那么多的孩子。这是可以理解的。尤其是，如果他们觉得出于偏好或需要，想把更多的时间花在工作或职业生涯的投资上时，更是如此。

如何解释自 20 世纪 90 年代中期以来美国青少年早育现象的持续下降?

人们的态度似乎发生了转变,不再渴望年纪轻轻就当母亲,更别说当未成年母亲了。这种转变通常被认为是一件好事,因为对于一个十几岁的母亲来说,她和孩子都要面临很多挑战。是什么具体措施造成了这种转变呢?我们从具有全国代表性的数据中得知,与 20 世纪 90 年代初相比,青少年的性行为减少了,也越来越注意采取避孕措施了。[8] 而我们感兴趣的是,是什么样的社会力量促使他们做出了这些决定?

在 2015 年的一项研究中,我和菲尔·莱文(你现在可能已经猜到了,我们经常一起工作)考察了一系列综合性公共政策,它们可能可以解释从 20 世纪 90 年代初到 2010 年青少年生育率的起伏。[9] 我们统计分析了一系列可能影响青少年生育率的因素,包括将性教育纳入必修课的规定、福利政策的改变和堕胎政策的改变等。我们发现,仅有两项公共政策在统计上与青少年生育率有明显的关系——一是福利水

　　　　　　　　　　　不结婚的社会

平，二是借由医疗补助计划（Medicaid）扩大的计划生育服务。然而，这些政策解释不了女性的总生育率下降这一现象，也解释不了青少年生育率下降的大部分原因。根据我们的计算，自 1991 年以来，福利水平的下降和通过医疗补助计划获得计划生育服务之机会的增加，只能解释约 13% 青少年生育率下降的情况。[10] 其余的下降情况并不能归因于这类有针对性的政策。

更有可能的是，自 20 世纪 90 年代初以来，青少年生育率的急剧下降反映的是青少年心态上的变化。他们对危险的性行为和成为年轻父母的可能性、危险性都有了深刻认识，在态度上有了广泛的变化。这一点可以从他们对音乐电视频道（MTV）播出的真人秀节目《16 岁怀孕》（*16 and Pregnant*）和该节目的衍生系列剧《小妈咪》（*Teen Mom*）的反应中看出来。[11]

在 2010 年，我和莱文完成了上述公共政策对青少年生育率下降影响的研究。在那之后，美国疾病控制与预防中心（US Centers for Disease Control and Prevention，CDC）发布的数据显示，在我们的研究刚结束时，青少年生育率又出现了异常的大幅下降。在接连两年分别下降 4% 和 6% 之后，青少年生育率在 2009—2010 年间又大幅下降了 10%。记者们电话询问我们，对于这次大幅下降的原因有什么专业看法。我们给不出肯定的答案。从之前的工作中，我们得知不可能是某种明白无误的事由——比如开设了更多的性教育课程，或者某个孤立的福利待遇突然间降了下来。那么，那一年究竟发生了什么新鲜事呢？

实际上，那一年还真发生了一件新鲜事，我们一开始并没有想到它会产生多大影响——音乐电视频道播出了真人秀节目《16 岁怀孕》。"全国预防未成年早孕运动"在 2005 年调整工作使命，将意外怀孕纳入关注范围，并更名为"全国预防未成年早孕和意外怀孕运动"（National Campaign to Prevent Teen and Unplanned Pregnancy）。2010 年，该项目的一项研究称，在看过《16 岁怀孕》的青少年中，有 82% 的人表示，该节目"可以帮助青少年更好地理解怀孕和成为父母后面临的挑战"[12]，只有 17% 的人认为它"美化了未成年早孕这件事"。难道说，这个节目真的对青少年生育率的大幅下降产生了影响吗？

尼尔森研究所（Nielsen Institute）是一家媒体机构，专门追踪哪些电视节目被哪些人群观看。我们从这家研究所购买了音乐电视频道的收视率数据，并且获取了与该剧相关的谷歌和推特的搜索数据。在之后的几年里，我们努力将这些数据点关联起来。我们的分析主要利用了不同地方音乐电视频道收视率的差异，比较了在音乐电视频道播出《16岁怀孕》节目后，收视率不同的地区青少年生育率有什么不同。[13] 分析发现，从2009年6月这档真人秀节目开播到2010年底，青少年的生育率下降了4.3%，占同期青少年生育率下降总量的24%。随后对谷歌和推特数据的分析表明，该剧的播出导致谷歌上"如何避孕"等搜索词条的增加，也导致推特上诸如"刚刚看了《16岁怀孕》，它真是最好的避孕方法"之类的推文访问量大幅增加。

在早期的工作中，我和莱文得出结论：青少年对自己未来的经济前景和受教育机会的判断，会影响她们是否要成为年轻母亲的决定。[14] 直到现在，我仍然相信这一点。但我们从对音乐电视频道真人秀节目的研究中也发现，青少年对于怀孕和生孩子这件事的看法，也和这件事对他们当前生活的影响有关。比如，如果不用被孩子拴在家里，不必为了养育孩子付出精力和金钱时，她们就可以和朋友们一起出去玩，可以做其他同龄人会去做的事情了。

虽然音乐电视频道最初是将《16岁怀孕》作为纯粹的娱乐节目推出的，但这档真人秀节目真实展现了少女在怀孕、分娩和养育孩子过程中经历的挑战，包括不得不在半夜起来照顾一个嗷嗷待哺的婴儿，要花钱买尿布和婴儿食品，以及要和一个经常不帮忙或不在家的十几岁父亲打交道。这无形中让这档节目成为一种公共媒体的宣传活动，有效地说服了一群原本可能对当个未成年父母感到无所谓甚至还有些高兴的青少年，让他们有了不同的看法。这并不是说音乐电视频道造成了20多年来青少年生育率的持续下降。我介绍这项研究的目的在于说明影响青少年的态度这件事有多么重要。态度上的转变可以转化为行为上的转变，从而降低青少年的怀孕率和生育率。

自 20 世纪 90 年代初以来，性活动的减少和避孕措施的增加直接导致了青少年生育率的急剧下降。但这些行为上的变化，反映的是青少年的态度和偏好上的变化。因此，生育率的下降很可能是观念变化引起的。

尽管在新生儿母亲中，年轻的、受教育程度较低的女性比例有所下降，但非婚生育的女性比例在过去 40 年里几乎翻了一番。

我前面说过，30 岁以下，尤其是青少年女性的生育率下降，而 30 岁及 30 岁以上的女性生育率上升。因此，新生儿的母亲年龄越来越大。2019 年，美国近一半的新生儿母亲是 30 岁及以上的女性。再加上其他趋势，比如受教育程度最低的女性的生育率下降以及上大学人数的增加，新生儿母亲的受教育程度越来越高。2019 年，超过 30% 的新生儿母亲拥有四年大学学历，只有 12% 的新生儿母亲拥有高中以下学历，而 1990 年这一比例分别为 18% 和 24%。

然而，从 1980—2019 年，非婚生育的女性比例竟然增长了一倍多！从 1980 年的 18% 上升到 2000 年的 33%，再到 2019 年的 40%。图 7.2 显示了未婚母亲比例的增加情况。

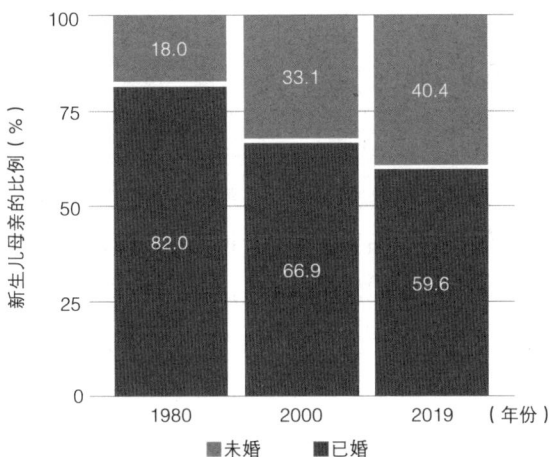

图 7.2　1980 年、2000 年和 2019 年新生儿的母亲中，
未婚和已婚母亲的比例

数据来源：作者根据国家卫生统计中心 1980 年、2000 年和 2019 年新生儿的出生数据计算得出。

　　造成这一现象的主要原因很简单——与过去几十年相比，尽管现在新生儿母亲年龄更大、受教育程度更高，但她们结婚的可能性却更小。当然，一般来讲，现在的女性与过去几十年相比，结婚的可能性本来就更小了。育龄妇女（15—44 岁）的已婚比例从 1980 年的 54% 下降到 2000 年的 48%，再到 2020 年的 39%。

　　　　　　　　　　　　　　　不结婚的社会

事实上，在我们跟踪的所有主要人口群体中——所有 5 个年龄段的群体，所有 3 个受教育程度的群体，以及所有 4 个主要种族和民族的群体——非婚生育的女性比例都有所增加。图 7.3 显示了这些趋势。注意，在 25—29 岁生育的女性中，在 1980—2019 年期间，非婚生育的比例增加了一倍多，从 18% 增加到 40%。在拥有高中学历的女性中，非婚生育的比例从 25% 上升到 52%。即使在受过大学教育的母亲中，这一比例在这段时间内也翻了一番，从 5% 上升到 11%，当然这一比例仍远低于没有大学学历的女性非婚生育的比例。白人女性非婚生育的比例仍然远低于黑人女性和拉美裔女性，但这一比例在 1980—2020 年间也大幅上升，从 17% 上升到 29%。

著名社会政策学者、全国预防未成年早孕运动的创始主席伊莎贝尔·索希尔（Isabel Sawhill）在她 2014 年出版的《无牵无挂的一代》（*Generation Unbound*）一书中详细描述了非婚生育比例的上升以及它与贫困儿童之间的关系。索希尔观察到，许多非婚生育都是计划外怀孕的结果。她认为，如果更多的父母是"深谋远虑者"（把生育推迟到结婚后的人），而不是"随波逐流者"（在婚外过早生育的人），那么孩子会因此受益。为此，她呼吁让更多的人都能够有机会采取长效可逆避孕措施［包括宫内节育器（IUD）］，并倡导一种鼓励计划生育的社会规范。虽然我同意她的观点，也认为让人们能够用上高效的避孕措施非常重要，但我在这里并没有过多地强调这个观点。我的理由是，今天单亲母亲家庭越来越多的主要原因并不是年轻的、低收入的女性负担不起避孕措施。毕竟，新生儿的数量一直在下降，包括低收入的母亲生的孩子数量也在下降。越来越多的孩子只和母亲住在一起，是因为结婚的成年人，包括那些生了孩子的人——越来越少。

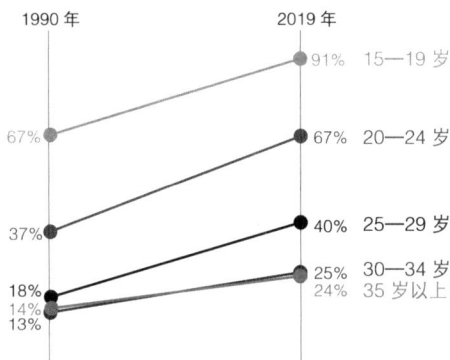

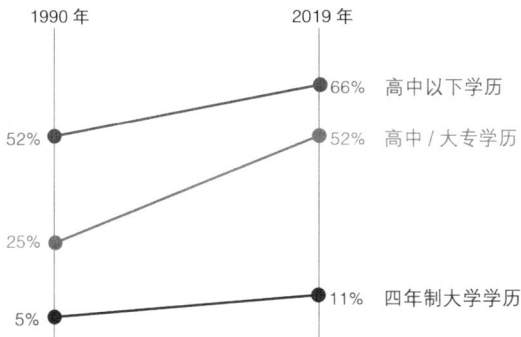

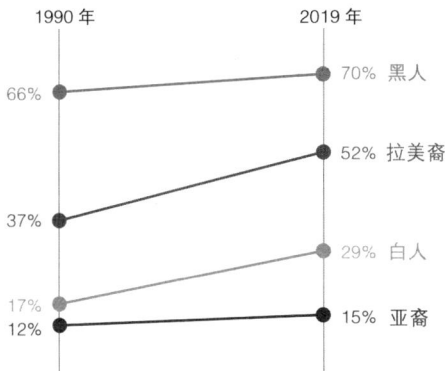

图 7.3　1990 年和 2019 年非婚生育的女性比例
（按年龄、受教育程度和种族或民族划分）

数据来源：作者根据国家卫生统计中心 1980 年、2000 年和 2019 年新生儿的出生数据计算得出。

生育率的变化对孩子们而言意味着什么？

生育率的这些趋势对儿童成长时期获得资源有什么影响？在其他条件相同的情况下，如果新生儿的母亲年龄更大、受教育程度更高，那就会有更多的孩子出生在资源更丰富的家庭中。然而，也有一些事情和这些趋势相反——结婚率下降、非婚生育增加，以及由此导致的生活在单亲母亲家庭中的孩子的比例上升。单亲母亲家庭的资源水平较低，这一点可以从这些家庭和双亲家庭在贫困率上的差距中看出来。2020年，与单亲母亲一起生活的婴儿有46%的可能性生活在官方贫困线以下的家庭中；而在已婚双亲家庭中的婴儿，这个可能性为6%。

这又让我们回到了之前关于婚姻、工资和收入的讨论。一般来说，两个成年人总比一个成年人挣得更多，也拥有更多的资源。正因为如此，总体来说，已婚双亲对孩子来讲是件好事。同样，一般来说，挣钱多的男性（包括父亲）更有可能被看作是更合适的结婚对象，也更有可能结婚。而且，当他们没有与孩子的母亲结婚，或者没有与孩子及孩子母亲住在一起的时候，他们也更有可能参与孩子的生活并支付抚养费。为了提高生活在已婚双亲家庭的孩子的比例，强化家庭，我们需要改善这个国家的许多男性——特别是那些没有四年制大学学历的男性——的经济状况。

总结

在过去 40 年里，青少年生育率急剧下降，新生儿母亲的年龄和受教育程度相比于 40 年前都高了很多。如果结婚率保持不变，那么这种趋势将使得非婚生育及单亲母亲家庭减少。但事实是，生活在单亲家庭中的美国儿童的比例越来越高。美国儿童家庭结构的变化反映的是结婚率的下降，以及婚姻与生养孩子脱钩的社会现象，而不是历史上单亲母亲比例较高的群体的生育率上升。

在其他条件不变的情况下，如果母亲的年龄更大、受教育程度更高，那么孩子将生活在资源更丰富、经济条件更好的家庭中。但其他条件变了。结婚率的下降导致更多的母亲是未婚母亲，更多的孩子生活在单亲母亲的家庭中。这样的家庭环境往往意味着对孩子不那么有利。

第八章

家庭很重要

今天，在如何看待家庭和家庭结构的问题上，美国社会的传统做法贯彻的是一种坚定的不可知论。人们不会以任何形式暗示一种家庭结构可能比另一种家庭结构更好。这么做的出发点可能是好的，但它造成了很多政策观察者和倡导者在谈论家庭问题时的巨大盲点——事实上，很多关于家庭结构的话题都是禁区。当我们要从科学的角度论证一些事情，比如一种家庭结构比另一种家庭结构更好时，这些禁区就变成了障碍。

我之所以说这些，是估计到会有一些人提出善意的反对，认为从经济上无情地剖析家庭结构是不礼貌的、不明智的。但当我看到几十年来在各个学科领域中积累起来的数据和证据后，我确信这的确是一件美国人需要谈论的事情。

我看到的那些数据毫无疑义地证明，孩子们的人生成就深受家庭和成长经历的影响。生活在双亲家庭中的孩子往往拥有更丰富的资源、更多彩的经历、更稳定的生活，因此他们在学校的表现更好，行为问题也更少。这些孩子受教育的时间更长，在工作中挣的钱更多，并且更有可能结婚。当然，这些并不是衡量生活成功的唯一标准，但它们是衡量人生成就和幸福感的重要指标。数据清楚地告诉我们——家庭很重要。

但和这种美好愿景相反的是，如今生活在双亲家庭中的

　　　　　　　　　　　不结婚的社会

美国儿童的比例处于历史低点——2019年，近40%的美国儿童没有与已婚双亲生活在一起。近20%的美国孩子只和母亲生活在一起，而且家庭里没有第二位双亲角色。这一比例在不同的人群中有所不同。按父母受教育程度划分时，不同群体的美国家庭在这个比例上的差距很大。对于父母没有大学学历的孩子而言，这种差距进一步恶化了他们本就很明显的劣势。这是因为，父母没有大学学历的孩子，生活在已婚双亲家庭中（并享受已婚双亲提供的资源）的机会更少。

这种家庭层面的差距造成了孩子在成长资源、经历和成就方面的阶层差异。它不仅反映了社会不平等，也加剧了社会不平等。它破坏了社会流动性，并且一代一代地把社会分裂和社会断层固化下来。要想缩小阶层差距，让所有背景的孩子都有差不多的机会获得成功、茁壮成长、过上美好的生活，就必须打破这个循环中的某一部分。

要做到这一点，就需要讨论一些具有挑战性的，甚至令人不舒服的话题。为此，我们可以把有关家庭结构的政策讨论与有关大学教育的公开讨论类比一下。我在本书中多次提到，比起没有大学学历的人，有大学学历的人工作更稳定、工资更高。我们是从数据中知道这一点的。政策制定者、记者、学者和政策倡导者们不会公开地假装这些差异不存在。

虽然承认这一点会让那些没有上过大学的人感到羞耻难堪，但他们不会因此就回避这个问题。事实上，在今天围绕这个问题进行的政策讨论中，我们明确地接受了这个事实——在今天的职场上，大学学历意味着更多的经济保障。人们推动各种政策的制定与实施，希望更多的人能够上大学并且顺利毕业，同时也为那些没有大学学历的人制定并推广各种替代方案，帮助他们找到好工作。另一方面，众多思想领袖和政策制定者们也在寻找办法，希望通过工资补贴、提高最低工资和扩大公共医疗保险资格等办法，来保障低工资美国人的经济安全。

类似的对公共政策的讨论方式也可以用在家庭结构上。我们首先要承认，在大多数情况下，稳定的已婚双亲家庭对孩子非常有好处。以此为前提，我们可以而且也应该探索一条促进（美满的）双亲家庭形成的方法。（大家不要误解，我并非不考虑家庭中亲密关系的性质，也并非在任何情况下都支持双亲家庭。例如，如果存在家暴或虐待的情况，我绝对不主张维持这样的家庭。）与此同时，我们可以共同努力，强化作为其他替代方式的家庭结构，使更多单亲家庭中的孩子可以从父母双方的积极支持和参与中获益。此外，我们还可以采取措施，改善那些在不利家庭环境下的孩子的童年经历。毕竟，处于不利地位并不是他们的错。

总结一下，为了应对我在本书中列出的各种挑战，我们应该做以下几件事：

- 努力恢复并促进儿童双亲家庭的社会规范。
- 努力改善没有受过大学教育的男性的经济地位，使他们成为更可靠的婚姻伴侣和父亲。
- 扩大那些在改善弱势父母和儿童的生活状况方面有成功案例的政府项目和社区项目的规模。
- 为家庭（无论哪种家庭结构）提供更强大的社会保障安全网。

以下是我认为不应该做的事情：

- 接受所谓的新现实——对于受教育程度较低、收入较低的美国人来说，双亲家庭已成为过去。
- 为女性的经济独立哀叹。
- 污蔑单亲母亲或鼓励不健康的婚姻。
- 推行各种对婚姻毫无帮助的政府项目。
- 基于错误的假设，减少政府资助，以为这样就可以刺激更多的人结婚并建立双亲家庭。

促进儿童双亲家庭的社会规范。

几年前，我在波士顿乘坐出租车时，注意到司机在仪表盘上放了一张年轻女孩的照片。

"这是你女儿吗？"我问。

"是啊，"他回答时带着喜悦和自豪，"我还有其他照片，想看吗？"我当然想看了。于是他把手机递给我，邀请我浏览照片。我为他可爱的四岁女儿惊叹不已。我们聊了一路。他告诉我，女儿和妈妈住在一起。

"你没有和她们住在一起吗？"我问。

"没有。"他答道。

"我能问一下为什么吗？"我又问道。我知道这是在打听隐私，所以接着马上解释道："我是一名经济学家，专门研究家庭问题，所以我对这些事情很好奇。"

他耸了耸肩："我也说不好，我们聊过结婚的事情。如果能存下一些钱，我们可能会结婚。"

我忍不住进一步追问，慢慢说道："我不是要窥探隐私什么的，只不过，如果你们两个人感情很好，而且都爱你们

　　　　　　　　　　　　　　　　不结婚的社会

的女儿，为什么不能像一家人一样生活在一起呢？"他变得慌乱起来——不是不耐烦，也不是生气，而是真的慌乱起来。他错过了出口，扭头看了看我，问道："是我妈妈派你来的，还是怎么的？"

这次偶遇，以及本书中涉及的无数家庭故事，引出了一个重要的问题——如今，在双亲家庭之外抚养孩子成了一种社会惯例，这种惯例是否导致更多的孩子在单亲家庭中长大？我认为答案是肯定的。那么，这种趋势是否符合儿童的最大利益？根据我看到的证据，我可以毫不含糊地说——不符合。因此，社会面临的挑战是，如何在不羞辱、不指责单亲母亲的情况下找到方法，承认双亲家庭的好处，承认父亲在孩子的生活中扮演的重要角色。我们要诚实地承认双亲家庭带给孩子的好处，这样才能破除那个不可知论，即主张所有家庭结构带给孩子的好处都是一样的。

对于如何降生到这个世界、如何被抚养长大，孩子并没有发言权。对于能不能和父母住在一起、能不能让父母共同抚养，孩子同样没有发言权。我很想知道，有多少单亲家庭的孩子更愿意父母双方都和他们住在一起。作为一个在 20 世纪 80 年代长大的孩子，我记得每当看到父母吵架时，我就会担心他们会不会离婚。（离婚在那时比现在更普遍。）

我的父母也许并不总能和谐相处，但我总是很高兴他们在一起，都在这个家里。我知道并非所有家庭都是如此，有些家庭即使父母住在一起，日子也没有更好。但回想一下我们的统计数据——孩子并不是在罕见或者情有可原的情况下，才和单亲父母生活在一起的。只有63%的美国儿童是在已婚双亲家庭中长大的。在美国，超过20%的孩子与没有伴侣（无论婚否）的单亲母亲生活在一起。如今，超过一半的单亲母亲从未结过婚。

父亲本该是家庭的一分子。那么，真的会有这么多孩子的父亲，无法对家庭做出任何积极的贡献吗？假如美国男性的现状真是这样，或者哪怕有一点接近这种情况，我们都将面临一场真正可怕的危机。双亲家庭的减少，部分原因是男人们的生活面临困境，这反过来又导致了男孩们的生活面临困境。我们迫切需要打破这种恶性循环——美国男孩需要成长为可靠的、适合结婚的对象，成为能够养育并帮助孩子的父亲。我们需要在社会中培养一种期望，认为父亲应该出现在孩子的生活中，并在经济和情感上为他们提供支持。

我不知道波士顿的那个出租车司机会不会成为一个好父亲、好丈夫，或者一个好的长期同居伴侣、一个好的共同抚养者。他看起来是个好人，而且似乎由衷地爱女儿和女儿的

　　　　　　　　　　不结婚的社会

母亲。这就足够了吗？还远远不够。但问题的关键是，他和他女儿的母亲似乎都认为，在考虑到女儿的幸福时，选择同居还是分居都差不多。然而数据并不是这么说的。

对于社会规范和主流态度的形成过程，学术研究有些发现。首先，榜样很重要。年轻人会从他们信任的成年人那里获得启发和暗示。[1]儿童、青少年和年轻人会以他们周围的成年人为榜样，来建立自己的家庭。

另外，还有不少令人信服的证据表明，人们的态度（以及最终的行为）会受到媒体的影响，哪怕是在家庭结构这类复杂问题上也是如此。例如，经济学家研究过，巴西电视肥皂剧中对家庭结构的描绘，如何导致该国在1965—1999年间的家庭结构和生育率发生变化——生育率下降，离婚和分居率上升。[2]同样，我在第七章中也介绍过，音乐电视频道真人秀节目《16岁怀孕》中对少女妈妈艰难求生的描述，如何导致了美国青少年生育率下降。社会信息以娱乐和社交媒体信息的形式不断出现，会影响到人们有关家庭和生育的看法和行为。

我在这里并不是要夸大电视或媒体在推动家庭结构变化方面起的作用。我也不是要指责媒体推波助澜，使得美国社会的很大一部分群体中，双亲家庭结构不再占据主流地位。

不过，基于媒体对社会的重要作用这一事实，我确实怀疑，当今的社交媒体信息进一步强化了婚姻和抚养孩子这件事脱钩的潜在趋势。

单亲家庭越来越多，和社会规范有很大关系；但这样的社会规范并不意味着大多数单亲父母不喜欢有一个配偶或忠诚的伴侣。对单亲母亲的跟踪调查证实了这一点。本世纪初，在宾夕法尼亚州的费城和新泽西州的卡姆登城（Camdon）的城市社区中，进行了一项针对165名低收入单身母亲的研究。研究人员对这些女性进行了采访。其中许多女性表示，她们是想步入婚姻的，但感觉成功的婚姻遥不可及，尤其是与孩子父亲的婚姻更是如此。[3] 这一发现与"适婚男性"的问题有关。如果孩子的父亲或母亲在经济和情感上不是稳定的、能够为孩子提供帮助的伴侣，即便这些单亲父母从理论上讲想结婚，在这种情况下结婚也不是有吸引力的提议。

与此相关的是，社会学家萨拉·哈尔彭－米金（Sarah Halpern-Meekin）在她2019年出版的书中记录了她对31对低收入未婚夫妇的采访。[4] "家庭期望"项目（Family Expectations）是一个综合性的、以课程为基础的免费项目，旨在帮助夫妇双方在孩子出生期间和出生后增强彼此的感情和亲密关系。接受采访的这些夫妇正是通过该项目参加了亲

不结婚的社会

密关系课程。哈尔彭－米金发现，许多夫妇参加这些课程的目的是建立更健康的亲密关系，并营造抚养孩子的良好家庭环境。在这 31 对夫妇中，只有一对是在稳定的双亲家庭中长大的；大多数人报告说，他们是在混乱的或是有家暴的家庭环境中长大的。这些夫妇强烈地意识到家庭不稳定对他们生活的影响，知道自己在沟通和解决问题方面存在困难。他们中的许多人还表示，在他们的生活中缺少可以提供一般帮助或亲密关系咨询的人——这就是哈尔彭－米金所谓的"社交贫困"的特征之一。研究发现，这些未婚夫妇希望自己一团糟的亲密关系能够走出泥潭、走向成功，但他们缺乏技巧或榜样来完成这一目标。这是一个重要的发现。人们并不总是——甚至不经常——会选择建立单亲家庭。之所这么做，有时是出于一些障碍和约束，不得已而为之。

低收入的未婚夫妇面临的困境，在很大程度上与经济缺乏保障和机会有限有关。随之而来的行动和选择反映了普遍的社会规范和经济现实。任何加强美国家庭、增加生活在双亲家庭中的儿童比例的真诚尝试，都必须解决底层的、经济上的挑战。这些挑战是多方面的，应对措施也必须是多方面的。

提高未受过大学教育的男性的经济水平，让他们能成为更可靠的婚姻伴侣和父亲。

对很大一部分群体而言，仅仅通过社交媒体上的宣传，扭转不了双亲家庭比例下降的趋势。仅仅通过税法改革，或者改革政府支付福利的资格认定制度（目前这些规则中包含了各种阻碍婚姻的因素）也不足以扭转这一趋势——尽管这些改革措施绝对有必要。这些改革措施会影响到一些处在边缘上的人，但这个问题的规模远远超出了这一范畴。我们现在谈论的问题是，在没有大学学历的父母中，有大约一半人没有结婚，而且他们中的大多数人也不会和对方结婚。扭转这样的趋势需要重大的改革措施。

许多美国男性，尤其是没有大学学历的男性，经济状况一般都比较差，这导致了结婚率下降，以及与单亲母亲共同生活的儿童比例上升。如今，在25—54岁的男性中，有15%没有工作。在20世纪60年代，95%的男性有工作。到20世纪80年代末，这一比例降至88%，在2020年新冠疫情出现之前降至85%。促成这一变化的因素有很多，其中包括对没有大学学历的男性劳动力需求的减少，以及进口商品的增加和工业自动化的普及等。[5] 还有一些因素，诸如技术进步改变了不同技能水平的劳动者可以从事的任务和工作类型，工会代表人数减少，以及最低工资实际价值下降等，也压低了未受过大学教育的劳动者的工资，同时提高了拥有四年制大学学历劳动者的工资。[6]

研究证实，未受过大学教育的男性在就业和收入方面遇到困难的这一经济趋势，与较低的结婚率以及较高的非婚生育比例，以及单身母亲家庭增多之间存在因果关系。要扭转结婚率普遍下降的趋势，扭转非婚生育和单亲母亲家庭比例增加的趋势，可能就需要扭转这一影响深远的经济趋势——正是这些趋势使没有受过大学教育的男性处于不利地位。大规模地应对这些挑战，需要巨大的政治意愿和多年努力。但如果不这么做，这种情况就会继续固化下去并变得更糟。

对于一个没有稳定工作或面临低收入的适龄劳动力，社会要如何推动他们在经济上有更多的收获？显而易见的一个方法就是，培养他们的技能，这样他们就能获得更高的工资。这类努力应该从改善中小学（包括幼儿园）的教育开始。除此之外，我也支持联邦政府向公立大学和社区学院投入大量资源，因为这些地方每年都会教育和培训数百万美国人。还有许多其他措施可以帮助更多的人获得高薪工作，例如推广一些设计完善的学徒计划、直接和就业挂钩的培训计划，以及设计完善的职业和技术教育计划。除了公共和私营部门培训劳动者技能的努力之外，政府有充分的理由扩大收入补助的规模——例如，利用劳动所得税抵免提供收入补助。我们也需要进行刑事司法改革并努力帮助囚犯重返社会，这将减少被监禁的美国人的数量，并帮助那些有犯罪背景的人重新融入社会和劳动力市场。[7]

我想明确指出一点，妇女收入的增加和经济机会的增加无疑是一种进步的社会趋势。几十年前，太多女性在追求教育和经济机会方面受到限制，因此别无选择，只能嫁给男性，依靠男性的收入生活。我对如今男性相对经济地位的关注，不应该被解释成是在否定过去几十年的变化。如果我们希望提升美国人的结婚率，就应该努力解决男性的适婚力问题。因为这么多的男人，无论是在他们自己眼中还是在潜在配偶的眼中，都不是理想的婚姻伴侣。我们不能试图回到过去的社会和经济模式当中，回到女性没有经济地位、只能结婚并希望丈夫能为她们提供经济支持的时代。

　　　　　　　　　　　　　　不结婚的社会

无论双亲的婚姻状况如何、是否住在一起，都要在关系健康的前提下，鼓励并支持双亲共同抚养孩子，共同参与到孩子的生活当中来。

美国还必须找到方法，巩固和强化现有的家庭。这意味着要鼓励并支持双亲的美满婚姻；即使在双亲不能、不应该或不想结婚的情况下，也要促进牢固的、健康的家庭单元形成。当结婚或同居不是一项好选择时，最好的替代方案就是让双亲合作，共同抚养孩子，双方都为养育孩子提供支持。为了实现这一目标，我们也许要在制度和法律上，为未婚父母提供更多的帮助。此外，我们也许还要重新审视父亲的权利以及子女抚养方面的法律制度。我并不是要支持某项具体的制度改革，毕竟这些制度太过复杂，一个方面的改变经常会带来其他方面不可预料的后果。我只是认为，我们需要调整社会政策，改变长期以来只关注单亲母亲和孩子的局面，以更全面的方式强化家庭。

最容易想到的强化家庭的方法是推出某些促进婚姻稳定的项目。但这种努力已经付诸实践过了，而且效果往往不佳。

在 21 世纪的头几年，联邦政府开始资助社区推出一些项目，促进婚姻的健康和稳定。2001 年，由布什政府发起的"美满婚姻倡议"为地方政府、州政府及社区组织推出的各种项目提供联邦资金，以支持低收入、有孩子的夫妇的婚姻。这些项目的效果并不十分明显。它们似乎在某些方面提供了帮助，但对于参与这些项目的夫妇来讲，他们的婚姻稳定性并没有明显提高。[8]

尽管人们并没有完全放弃这些努力，但现在出现了一种新趋势——人们推出了一些强化家庭单元（双亲不一定非要结婚）的项目，鼓励父亲参与家庭生活。正如我们在第六章中看到的那样，全国各地正在设计和实施各种项目，鼓励父亲参与到抚养孩子的家庭生活中来。一些项目会教给父亲们育儿技巧及管理冲突的方法；还有一些项目则更进一步，会帮助父亲们解决一些个人问题，比如就业不稳定，或者有入狱监禁史等问题。关于如何设计这些项目，以给人们带来更有意义的改善，还有很多需要研究的地方；但很明显的是，建立并实施这些项目，以鼓励父亲参与家庭生活、改善双亲间的合作，并促使双亲积极地共同抚养孩子，比那些专注在促进或维持婚姻本身的项目更有可能成功。从纯粹的实用性角度出发，我们也不能放弃那些不与孩子共同生活的父亲。

我们需要认识到父亲在儿童生活中的重要作用，同时加强对母亲和父亲的支持，才能促进儿童的福祉。

回想一下我们在第六章曾证明过的，关于父亲的缺席和男孩的艰难生活之间的联系，或者反过来说，父亲的参与和男孩的成就之间的联系。如今，男孩的发展前景堪忧。比起女孩，他们在学校和法律上更有可能惹上麻烦，上大学的可能性也更小。有证据表明，家里没有父亲的男孩更有可能出现这些结果。证据还表明，当社区中黑人父亲出现的比例更高时，黑人男孩的向上流动性也更高。即使父亲没有和家人生活在一起，父亲以及成年男性的正面角色对儿童的人生发展都至关重要。

扩大政府项目和社区项目的规模，改善弱势父母和儿童的生活状况。

全国有数以千计的组织推出了各种项目，致力于改善弱势家庭及生活在弱势家庭中的儿童的生活状况。其中有些项目会介入父母的育儿过程，此举被证明可以帮助低收入和资源有限的父母成为更好的双亲。通常，这种干预措施以家访的形式实行——由受过专门培训的护士定期拜访低收入孕妇，从怀孕早期开始，一直持续到孩子出生后的头两年。[9] 护士教给母亲们如何安全地照顾婴儿，并就如何为孩子建立一个安全、稳定、可靠的早期育儿环境提供建议。有证据表明，这些项目减少了儿童被疏于照顾和受到暴力虐待的风险，减少了儿童早期生活中的行为问题和智力发育问题。还有一些项目旨在提高低收入父母为孩子读书的比例。要知道，受教育程度更高、收入更高的父母为孩子读书的比例往往更高，他们的做法让儿童早期的认知发展在入学前就高出一截，阶层差距越发鲜明。[10] 这些被证明取得了成功的项目应该得到大规模推广。

还有一些证据表明，为低收入单亲家庭中的儿童和青少年（尤其是男孩）提供有效的导师辅导计划，可以改善他们的成长状况。在第六章中介绍的"成为一个真正的男人"和"美国大哥大姐"项目，在为面临困境的孩子提供帮助方面取得了很好的效果，各种慈善机构可以也应该推广这样的项目。当然，导师辅导并不是解决单亲家庭或资源匮乏家庭孩子的相对劣势的唯一方法。为低收入家庭的孩子提供更多的课外活动和体育活动，帮助他们参加夏令营等项目，可能会在某种程度上解决高收入家庭和低收入家庭的孩子在这些机

不结婚的社会

会上的差距。

然而，某个单一项目不管多么有效，也不可能创造出一整片公平的竞争环境。我们只能通过各种尝试来改变现状，循序渐进，各司其职，全力以赴，改善孩子们的生活。

在公共政策上，加强对低收入和资源不足家庭的支持。

无论成年人做出何种选择、面临何种障碍，都不应让儿童承受资源不足和不稳定的家庭生活带来的后果。这是一个失败的做法，不仅对孩子们不公平，显然也不符合美国的最佳利益。从联邦政策和国家支出上考虑，我认为美国应该加大投入，通过提供更高的收入补助、保障性住房、充足的医疗保健、营养餐供应和高质量的幼儿教育，为儿童提供更多的物质支持。增加对儿童的投入是对他们未来的投资，也是对国家未来的投资，这意味着更多的儿童能够有机会发挥潜能。有证据表明，向低收入家庭提供收入补助，会让这些孩子取得更大的成就——他们会更健康，在学校表现更好，成年后收入更高，健康状况也更好。

上述做法和结果之间是有因果关联的。研究人员已经确定，低收入家庭收入的增加和这些孩子的发展之间有因果关系，而且关系很紧密。例如，当税法发生变化，一些家庭得以有资格获得更多的收入所得税抵免时，这些家庭中的婴儿和儿童的健康状况就会得到改善，母亲的心理健康状况也会得到改善。[11] 实际上，有明确证据表明，收入所得税抵免带来的收入增加会提高儿童的学习成绩及受教育水平。[12]

还有一个类似证据，来自完全不同的领域——部落赌场的利润分配*。经济学家兰德尔·阿基（Randall Akee）及其合作者的研究表明，1998 年北卡罗来纳州的东切罗基保留地（Eastern Cherokee Reservation）开设部落赌场后，部落管理者开始按人头向部落的成年成员分配赌场利润，低收入家庭的儿童因此以各种方式受益。[13] 符合补贴条件的家庭，每年的收入增加了约 3500 美元，相当于年收入增长约 15%。对于生活在这些家庭中的孩子来说，赌场分配来的额外收入使他们的高中毕业率得到提高，并降低了他们因犯罪被捕的可能性。家庭收入的增加使得儿童的情绪健康和行为健康指标都得到了改善，正面的人格特征——比如责任心和亲和

---

* 美国于 1988 年颁布《印第安赌博管理条例法案》，允许美洲印第安部落在其保护区经营赌场。其初衷是希望北美原住民从此自食其力，减少对联邦政府的依赖。——译者注

性——得到培养。值得注意的是，研究人员还发现，家庭收入的增加也改善了父母的心理健康指标，改善了双亲之间的亲密关系，也改善了这些父母与孩子之间的关系。

这正好证明了在第五章中我们在谈及养育问题时说的，当资源紧张时，父母的压力会特别大。当父母压力大时，他们很难有心情和孩子积极地互动。这些研究证明，增加低收入家庭的收入，可以减轻父母的压力，改善父母的行为，改善家庭的决策，并最终改善儿童的心理健康、情感健康以及受教育程度。它们之间存在因果关系。

长期以来，美国对单亲母亲家庭提供的物质援助很少。因为人们担心，如果让女性觉得在政府的帮助下独自抚养孩子很"容易"，就会有更多的母亲选择在没有孩子父亲同住的情况下，独自抚养孩子。但数据证明，丰厚的福利对家庭结构的形成，即便有影响，也非常小。可以肯定的是，以现金或公共医疗保险形式提供的物质支持，不应该像过去那样仅限于单亲母亲家庭。这样做反而会阻碍人们结婚——当然我们根据经验得知，在现实中这种阻碍作用也很小。另外，经济困难的已婚双亲家庭也应该得到收入补助。但在过去40年中，我们看到的儿童家庭结构的变化，并不是福利政策造成的。对两者之间联系的担忧不应成为制定政策时的主要关注点。因为担心政府福利会降低结婚率，而让低收入家庭中的孩子（大多是单亲母亲的孩子）越来越落后，这将是一个可怕的错误。

证据十分明确——大力推广低收入家庭保障安全网项目，可以更好地帮助参与这个项目的儿童。研究表明，如果低收入家庭中的孩子在童年或少年时期获得食品券和医疗补助计划中的医疗保险，他们成年后在健康、受教育程度和经济成就方面都要优于没有获得这些补助的低收入家庭中的孩子。[14]美国对低收入家庭的物质扶持体系应该既包括现金支持——比如向有子女的低收入家庭提供足够的现金补贴或儿童税收抵免，又包括实物补贴——比如公共医疗保险、食物援助、住房援助以及政府提供或补贴的高质量幼儿教育项目等。低收入家庭中的孩子如果在五岁之前没有接受过幼儿园教育，会对他们造成极大的伤害。有证据表明，对于低收入家庭中的儿童而言，如果他们能在某种资助下进入公共幼儿园，那么在改善他们的受教育程度和将来进入劳动力市场的收入方面，将会产生巨大而持久的回报。[15]

向有子女的低收入家庭提供大量的物质支持，并不会使儿童在资源上平等，也不会保证所有的儿童在健康水平、受教育程度或经济上都能取得同样的成就。即使在丹麦这样的公共福利极其丰厚的地方——包括免费上大学，普遍享有高质量的医疗保健服务，普遍享有高质量的学前教育、慷慨的托儿和产假政策等——丹麦儿童能够取得何种成就也和家庭背景息息相关。这一点和美国一样。[16] 最近的一项研究表明，尽管丹麦的福利很丰厚，但在丹麦的各个社会和经济阶层之间，儿童的成就仍然存在很大的差距。父母以一种政府完全无法弥补的方式影响着孩子们的生活和成长。我们应该清醒地认识到这一点。即使美国的社会保障网比现在强大得多，来自资源丰富的双亲家庭中的孩子，在生活中仍然具有相对优势。但是，更强大的公共支持体系将会显著改善数百万来自弱势家庭的儿童的生活，包括许多生活在单亲家庭中的儿童，使他们走上更好的人生道路。

***

在过去 40 年里，生活在已婚双亲家庭中的美国儿童的比例下降，对儿童、家庭乃至美国都不是好事。以父母受教育程度划分的家庭差距已经很大。双亲家庭带来的优渥生活，已经成为受过大学教育的阶层的另一个优势。在父母没有四年制大学学历的孩子中，生活在双亲家庭中的比例越来越低。任何关心儿童福祉，关心美国的经济机会、不平等现象和社会流动性的人都应该关注这个趋势。这一趋势既反映了社会不平等，也加剧了社会不平等。这是经济和社会两大力量共同作用的结果，扭转这一趋势也需要经济和社会两大领域的重大变革。

如果不去扭转这一趋势，如果数以百万计的美国儿童不能享受到双亲家庭带来的好处，如果任由家庭差距继续扩大，那么儿童将遭受苦难，社会不平等将继续扩大，社会流动性将继续受到侵蚀。最终，我们的国家将变得越来越弱小、分裂和萧条。不承认这些事实，不去处理这些事实，就是令人遗憾的袖手旁观、不作为的第一步。

致谢

我由衷感谢众多学者、学生、朋友和同僚，他们与我一同工作，为我提供各种帮助，让我更深入地理解本书所涵盖的主题。为我的这项研究做出贡献的人太多了，无法在这里一一列出。尽管如此，我还是要在这里写下一些人的名字，他们对本书的研究项目做出了直接的贡献：

维多利亚·佩雷斯－佐图恩（Victoria Perez-Zetune）为我这本书提供了多方面的专家级研究协助，我非常感激！泰勒·兰登（Taylor Landon）也为我提供了宝贵的研究协助和大量的数据支持工作。麦考尔·皮彻（McCall Pitcher）利用自己的数据可视化专业知识为我制作了书中的图表。德怀尔·冈恩（Dwyer Gunn）为我的初稿提供了专业的编辑支持，帮我理清了写作框架和需要囊括的内容。托马斯·耶斯佩松（Thomas Jesperson）对项目中涉及的各种要素提供了有益的建议。

我的老搭档、合著者菲尔·莱文是一位出色的合作者，也是我交往了20多年的好朋友。我在本书中引用了我们一起开展的多项研究。菲尔慷慨地阅读了我的手稿初稿，并给出了详细的反馈。丽贝卡·瑞恩（Rebecca Ryan）和克里斯汀·布彻（Kristen Butcher）也对初稿中的每个章节给出了详细而深入的反馈。这些优秀学者的真知灼见和底蕴深厚的专业知识使我受益匪浅。芝加哥大学出版社的查德·齐默尔曼（Chad Zimmerman）是本项目的优秀编辑。从我们的第一次谈话开始，他就明白我想做什么、不想做什么。他耐心地帮我找出一种看上去不那么学术的写作方式，偶尔也能纵容我沉浸在学术纠结的海洋中。我真诚地感谢查德相信这个项目，感谢他在整个过程中对我的鼓励和指导。

还有很多学者、同事、研讨会参会人和朋友，为我提供了大量有益的和建设性的反馈。我要感谢丽莎·德特兰（Lisa Dettling）、夏内尔·多瑞迪（Chanel Dorit）、艾米·芬克尔斯坦（Amy Finkelstein）、阿曼达·洛夫兰（Amanda Loveland）、希瑟·雷诺兹（Heather Reynolds）、马克·斯坦迈耶（Mark Steinmeyer）和梅拉妮·沃瑟曼（Melanie Wasserman）认真阅读和评论我的初稿。我还从与以下人的交流中受益良多：戴维·奥特尔（David Auter）、朗尼·伯杰（Lonnie Berger）、利娅·布鲁克斯（Leah Brooks）、杰夫·丹宁（Jeff Denning）、克雷格·加斯韦特（Craig Garthwaite）、丽莎·根内提安（Lisa Gennetian）、杰夫·格罗格（Jeff Grogge）、莎拉·哈尔彭—米金（Sarah Halpern-Meekin）、布拉德利·哈丁（Bradley Hardig）、玛拉·莱德曼（Mara Lederman）、奥瑞恩·马丁（Orion Martin）、阿德里安娜·莱拉斯—穆尼（Adriana Lleras -Muney）、布鲁斯·迈耶（Bruce Meyer）、迈克尔·纳特（Michael Nutter）、克里斯汀·珀切斯基（Christine Percheski）、瓦莱丽·拉米（Valerie Ramey）和莱斯利·特纳（Lesley Turner）。同时，我还要感谢我的邻居中那些可爱的、了不起的女性，她们在散步时、在读书会上为我提供了不少有益的视角和鼓励，她们（包括但不限于）是：艾丽西亚·阿贝尔（Alicia Abell）、希拉里·贝纳德兹（Hilary Bednardz）、克里斯·耶伦（Chrisy Jelen）、布鲁克·托马斯（Brooke Thomas）、吉尔·佩莱蒂耶里（Jill Pellettier）和凯西·斯托林斯（Kathy Stallings）。

本书的终稿由四位匿名审稿人共同审校，他们为我提交给出版社的初稿提供了极大的帮助。他们详尽的、深思熟虑的、批判性的和建设性的反馈使我对这本书的叙述更加精练。

我还要感谢那些一开始鼓励我写书的人。如果没有他们的鼓励，我真不知道会不会开始这个项目，他们是：理查德·里夫斯（Richard Reeves）、贝尔·索希尔（Belle Sawhill）、塞尔吉奥·乌尔苏阿（Sergio Urzua）和雅各布·维格多（Jacob Vigdor）。此外，还有一位几年前在华盛顿智库的一次活动上遇到的女士。她在我发表了关于社会流动性的演讲后找到我，问我是否对此写过一本书。当我回答说没有时，她说我该写一本。那次会面后不久，我受邀在博科尼大学（Bocconi University）举办的 Alp-Pop 大会上发表主题演讲。在整理和准备那个演讲时我完全没想到，这将成为我构思本书的草图。我衷心感谢会议组织者的邀请。

马里兰大学在 2020 年秋季给了我一个休假学期来做这个项目。结果，恰逢新冠疫情爆发，原本的休假旅行计划被取消，我被迫流连于家中阁楼的临时办公桌和厨房餐桌之间。不过，有一个学期的时间写作，不用忙着网上直播教学，对我非常有益。总体而言，我非常感谢马里兰大学，特别是经济系，在过去 16 年里为我提供了一个学习、教学和工作的

　　　　　　　　　　不结婚的社会

好场所。

　　最后，我要永远感谢我的家庭，包括我成长的家庭以及我与丈夫共同建立的家庭。我永远感谢我的几个妹妹，艾莉森（Alison）、克里西（Chrissy）和薇姬（vicky）一直支持我，陪伴在左右；如今还有我的孩子们，带给我爱、支持和欢笑。我的父亲卢·斯凯蒂尼（Lou Schettini）和母亲玛丽安（Mary Anne）在养育子女和对家庭的奉献方面从来都是无私的，对他们所付出的一切，无论怎么做都不足以表达我的感激之情。我非常感谢我的丈夫丹，感谢他对这本书的建议，更重要的是，感谢他为我和三个孩子做的一切。他对我们而言意味着一切。我还要特别感谢我的公公丹·卡尼（Dan Kearney）和婆婆格洛丽亚，感谢他们对我的爱和支持。帕特里夏·奎罗兹（Patricia Quiroz）是我们家的天使。如果没有她，我不可能写出这本书，可以说，没有她，我的事业不可能继续下去。

　　我还要衷心感谢我的三个孩子，威廉、索菲亚和阿德莱德（Adelaide）。感谢他们谅解我为人之母的种种失败，感谢他们带给我无限的快乐和爱。他们三个是我的太阳、我的月亮、我闪亮的星星。在这个世界上，没有什么比能成为他们的母亲更让我心怀感激的了。本书谨献给他们三人。

尾注

第一章

1. 我希望在本书中明确各种术语和叫法的定义。我通常把同性伴侣囊括在已婚和未婚父母群体中。从数据上看，在有孩子的家庭中，以同性伴侣为户主的家庭数量很少，对整体趋势没什么影响。

2. 这篇论文写于 1999 年，是我就读麻省理工学院经济系第二年学习计量经济学时写的。它发表于 2004 年《人力资源期刊》（*Journal of Human Resources*），题目是"增量式福利对生育行为有影响吗？对'家庭资助上限'福利政策的研究"（"Is There an Effect of Incremental Welfare Benefits on Fertility Behavior? A Look at the Family Cap"）。（经济学领域出版物的滞后时间长得离谱。）

3. David Autor, David Dorn, & Gordon Hanson. When Work Disappears: Manufacturing Decline and the Falling Marriage-Market Value of Men. *American Economic Review Insights* 1, no. 2 (September 2019): 161–78; Ann Case, & Angus Deaton. *Deaths of Despair and the Future of Capitalism*. Princeton, NJ: Princeton University Press, 2020.（［美］安妮·凯斯、安格斯·迪顿：《美国怎么了：绝望的死亡和资本主义的未来》，杨静娴译，中信出版社 2020 年版。）

第二章

1. 我对这些类别的定义如下：已婚双亲家庭（Married-parent household）——家庭中有已婚双亲（不论性别）；这类家庭包括亲生父母、继父母和养父母的情况。未婚双亲家庭（Unmarried couple household）——家庭中有未婚双亲（不论性别）。单亲母亲家庭（Unpartnered mother）——家庭中有母亲，但没有父亲，也没有第二位双亲角色。单亲父亲家庭（Unpartnered father）——家庭中有父亲，但没有母亲的角色也没有第二位双亲角色。无双亲家庭（No parent present）——家庭中既没有父亲也没有母亲。在 2019 年的美国社区调查中，已婚双亲家庭中有 99.5% 的儿童有异性双亲，0.37% 的儿童有两个母亲，0.12% 的儿童有两个父亲。

2. 在我与菲尔·莱文 2017 年合著的一篇论文中，公布了 2013 年国民收入动态追踪研究的结果。数据显示，在同居父母所生的孩子（约占 1980—1999 年出生儿童的 8%）中，仅有不到一半的孩子在 14 岁时仍然和亲生父母生活在一起；而在已婚父母所生的孩子中，这一比例为 75%。社会学家苏珊·布朗（Susan Brown）、温迪·曼宁（Wendy Manning）和巴特·斯泰克斯（Bart Stykes）在 2016 年发表的一篇论文中，根据 2006—2010 年全国家庭成长调查（National Survey of Family Growth，NSFG）中有关母亲的全国性数据，报告了儿童的家庭变化情况。他们指出，单身母亲或同居母亲所生的孩子，在 12 岁之前，抚养他们的家庭平均变化过 1.7 次和 1.4 次，这几乎是他们观察到的已婚母亲所生孩子的平均变化次数（0.5 次）的 3 倍。不过，他们在对这些数字的解释上存在一些问题。他们平等地看待从同居到单亲，以及从单亲到同居的变化过程。而从资源的角度看——这正是我在下一章观察婚姻的角度——单亲到同居和同居到单亲是不一样的。参见：Susan L. Brown, J. Bart Stykes, & Wendy D. Manning. Trends in Children's Family Instability, 1995 - 2010. *Journal of Marriage and Family* 78, No. 5 (2016): 1173 - 83; Melissa S. Kearney, & Philip Levine. The Economics of Non-Marital Childbearing and the Marriage Premium for Children. *Annual Review of Economics* 9 (2017): 327 - 52。

3. Andrew Cherlin. Demographic Trends in the United States: A Review of Research in the 2000s. *Journal of Marriage and Family* 72, No. 3 (June 2010): 403 - 19.

不结婚的社会

4.　参见：Marcia Carlson. Sara McLanahan: Pioneering Scholar Focused on Families and the Wellbeing of Children. *Proceedings of the National Academy of Sciences* 119, No. 16 (April 11, 2022)。

5.　Sara McLanahan, Irwin Garfinkel, Nancy Reichman, Julien Teitler, Marcia Carlson, & Christina Norland Audigier. *The Fragile Families and Child Wellbeing Study: Baseline National Report.* Princeton, NJ: Bendheim-Thoman Center for Research on Child Wellbeing. March 2003.

6.　Sara McLanahan, & Audrey N. Beck,. Parental Relationships in Fragile Families. *Future of Children* 20, no. 2 (Fall 2010): 17–38.

7.　这些数据是从单亲母亲家庭中的儿童角度得出的。如果我们从单身母亲的角度来观察家庭情况会发现，61% 的单亲母亲家庭中并没有另外的成年人。这两个数字的差别表明，相比于只有一个孩子的单身母亲，有多个孩子的单身母亲更有可能独自养育孩子而没有其他成年人的支持。

8.　对于美国历史上家庭结构中存在的种族差距问题，人们提出了多种解释，包括奴隶制时期强迫奴隶骨肉分离的悲剧性后果，美国黑人在历史上较高的贫困率，以及持续的系统性歧视等。还有些学者指出，家庭结构中的某些种族差距可以追溯到非洲家庭更强调亲属关系（而不是婚姻关系）上。这一点和欧洲家庭有所不同。

9.　US Department of Health, & Human Services. *Vital Statistics of the United States 1980: Volume 1—Natality.* Hyattsville, MD: National Center for Health Statistics, 1984. table 1–36. ; US Department of Health, Education, & Welfare, *Vital Statistics of the United States 1960: Volume 1—Natality* (Washington, DC: US Department of Health, Education, and Welfare, 1963): 1, 12. Marcia J. Carlson. Family Structure, Father Involvement, and Adolescent Behavioral Outcomes. *Journal of Marriage and Family* 68, no. 1 (2006): 137–54.

10.　Marcia J. Carlson, "Family Structure, Father Involvement, and Adolescent Behavioral Outcomes," *Journal of Marriage and Family* 68, no. 1 (2006): 137–54.

11.　2018 年的 SIPP 调查显示，在离异的单亲母亲家庭中，有 40% 的家庭有子女抚养

尾注

费收入；而在从未结婚过的单亲母亲家庭中，这一比例仅为 19%。在受过大学教育的单亲母亲家庭中，离异的单身母亲收到子女抚养费的比例是 47%，从未结婚过的单身母亲收到子女抚养费的比例是 29%；在高中学历的单亲母亲家庭中，这两个比例分别是 39% 和 18%；在高中以下学历的单亲母亲家庭中，这两个比例分别是 24% 和 15%。

12. Timothy Grall, Custodial Mothers and Fathers and Their Child Support: 2015, Current Population Reports P60-262 . Washington, DC: US Census Bureau, January 2018 .

13. 这些数据来自卢森堡收入研究，并被列入斯德哥尔摩大学社会学家尤霍·卡尔凯恩（Juho Härkönen）2017 年工作报告的附录中。参见：Diverging Destinies in International Perspective: Education, Single Motherhood, and Child Poverty. LIS Working Paper Series No. 713. Luxembourg: LIS Cross-National Data Center, August 2017。

第三章

1. Sydney Page. This 11-Year-Old Sells Cups of Lemonade to Buy Diapers for Single Moms. *Washington Post*, August 21, 2020 .

2. 2008 年 6 月 15 日奥巴马在芝加哥使徒教会父亲节集会上的演讲，https://www. politico.com/story/2008/06/text-of-obamas-fatherhood-speech-011094。

3. US Census Bureau, *Income and Poverty in the United States: 2019, Current Population Reports* P60-270 (Washington, DC: US Census Bureau, September 2020), https://www .census.gov/content/dam/Census/library/publications/2020/demo/p60-270.pdf。注意：在 2019 年人口普查的贫困线标准中，对于由单亲和两个孩子组成的家庭，贫困线为 20598 美元；由双亲和两个孩子组成的家庭，贫困线为 25926 美元。

4. Gary S. Becker. *Treatise on the Family* . Cambridge, MA: Harvard University Press, 1981.

5. Irwin Garfinkel, & Sara S. McLanahan. *Single Mothers and Their Children: A New*

American Dilemma. Washington, DC: Urban Institute Press, 1986.

6. Sara McLanahan, & Gary Sandefur. *Growing Up with a Single Parent: What Hurts, What Helps?* . Cambridge, MA: Harvard University Press, 1994.

7. Leonard M. Lopoo , & Thomas DeLeire. Family Structure and the Economic Wellbeing of Children during Youth and Adulthood. *Social Science Research* 43, No. 1 (2014): 30 – 44.

8. Jonathan Gruber. Is Making Divorce Easier Bad for Children? The Long - Run Implications of Unilateral Divorce. *Journal of Labor Economics* 22, no. 4 (2004): 799 – 833.

9. 经济学家贝特西·史蒂文森（Betsey Stevenson）和贾斯汀·沃尔弗斯（Justin Wolfers）研究了单方面离婚法对家庭暴力和女性自杀率的影响。他们发现，单方面离婚法的实施使得家庭中男女家庭暴力有显著下降，遭到伴侣谋杀的女性人数下降，女性的自杀率下降。这一发现清楚地表明，单方面离婚法的好处是十分明显的！ Betsey Stevenson, & Justin Wolfers, "Bargaining in the Shadow of the Law: Divorce Laws and Family Distress," *Quarterly Journal of Economics* 121, no. 1 (February 2006): 267 – 88.

10. Elizabeth Ananat, & Guy Michaels. The Effect of Marital Breakup on the Income Distribution of Women with Children. *Journal of Human Resources* 43, no. 3 (2008): 611 – 29.

11. Adam Blandin, & Christopher Herrington. Family Heterogeneity, Human Capital Investment, and College Attainment. *American Economic Journal: Macroeconomics* 14, no. 4 (2022): 438 – 78.

12. Carolyn J. Hill, Harry J. Holzer, & Henry Chen. *Against the Tide: Household Structure, Opportunities, and Outcomes among White and Minority Youth*. Kalamazoo. MI: W. E. Up–john Institute for Employment Research, 2009.

13. Marcia J. Carlson. Family Structure, Father Involvement, and Adolescent Behavioral Outcomes. *Journal of Marriage and Family* 68, no. 1 (2006): 137 – 54.

14. Sara McLanahan, Laura Tach, & Daniel Schneider. The Causal Effects of Father

尾注

Absence. *Annual Review of Sociology* 39 (2013): 399‑427.

15. Melissa S. Kearney, & Phillip B. Levine. The Economics of Nonmarital Childbearing and the Marriage Premium for Children. *Annual Review of Economics* 9, no. 1 (September 2017): 327‑52.

16. 这些统计数据来自作者和菲尔·莱文合著的《非婚生育的经济学》(*Economics of Nonmarital Childbearing*) 一文, 是作者根据 2013 年国民收入动态追踪研究数据计算得出的。作者使用个人消费支出指数, 将所有年份的家庭收入转换为 2013 年可比价格。孩子在 0—16 岁之间的家庭收入是孩子在这段时间内, 生活在这个家庭中的所有年份的家庭收入的平均值。报告中的是这个数字的中位数。样本中包括 4983 名已婚母亲和 3620 名未婚母亲。

17. 2002 年的美国教育情况纵向调查 (Education Longitudinal Survey) 主要针对全国有代表性的高中二年级的学生。根据比约克隆 – 扬 (Bjorklund–Young) 的报告, 该调查的数据显示, 对于来自家庭收入最低的四分之一的学生, 大学毕业率为 14%, 而来自家庭收入最高的四分之一的学生则为 60%。参见：Alanna Bjorklund–Young. *Family Income and the College Completion Gap*. Baltimore, MD: Johns Hopkins Institute for Education Policy, March 2016.

18. 数据摘自：Kearney and Levine. Economics of Nonmarital Childbearing. 表 5。

19. Christina J. Cross. Racial/Ethnic Differences in the Association between Family Structure and Children's Education. *Journal of Marriage and Family* 81, no. 2 (2020): 691‑712.

20. Anne Case, & Christina Paxson. Mothers and Others: Who Invests in Children's Health?. *Journal of Health Economics* 20, no. 3 (May 2001): 301‑28.

21. Carlson. Family Structure, Father Involvement, and Adolescent Behavioral Outcomes.

22. Paul R. Amato. The Impact of Family Formation Change on the Cognitive, Social, and Emotional Well-Being of the Next Generation. *Future of Children* 15, no. 2 (2005): 75‑96.

23. Wendy D. Manning, Marshall N. Fettro, & Esther Lamidi. Child Well-Being

286   不结婚的社会

in Same-Sex Parent Families: Review of Research Prepared for American Sociological Association Amicus Brief. *Population Research Policy Review* 33, no. 4 (2014): 485 - 502. 有关同性伴侣抚养儿童以及家庭构成的社会科学证据，参见：Corinne Reczek. Sexual- and Gender-Minority Families: A 2010 to 2020 Decade in Review. *Journal of Marriage and Family* 82, no. 1 (2020): 300 - 325; William Meezan, & Jonathan Rauch. Gay Marriage, Same-Sex Parenting, and America's Children. *Future of Children* 15, no. 2 (2005): 97 - 115; Dan Black, Seth G. Sanders, & Lowell J. Taylor. The Economics of Lesbian and Gay Families. *Journal of Economic Perspectives* 21, no. 2 (2007): 53 - 70。

24. Samuel Norris, Matthew Pecenco, & Jeffrey Weaver. The Effects of Parental and Sibling Incarceration: Evidence from Ohio. *American Economic Review* 111, no. 9 (2021): 2926 - 63; Carolina Arteaga. Parental Incarceration and Children's Educational Attainment. *Review of Economics and Statistics*. 提前发表于 2021 年 10 月 15 日。

第四章

1. Claudia Goldin. The Quiet Revolution That Transformed Women's Employment, Education, and Family. *American Economic Association Papers and Proceedings* 96, no. 2 (2006): 1 - 21.

2. "Tenement Apartment Tours," Tenement Museum, 访问时间：2022 年 11 月 7 日。

3. 政治学家查尔斯·默里（Charles Murray）于 2012 年出版的《分崩离析：1960—2010 年美国白人的状况》（*Coming Apart: The State of White America 1960 - 2010*，New York: Crown Forum）描述了美国人在教育和收入方面的文化差异。他的这本书关注的是美国白人的阶层差异，而非种族差异。和默里的书类似的是，本书也主要考察受过大学教育和没有受过大学教育的美国人在结婚率上的差异。但与默里的书不同的是，本书从家庭结构对孩子的意义、从经济优势或劣势的代际传递的角度来呈现家庭结构的变化趋势。

4. William Julius Wilson. *The Truly Disadvantaged: The Inner City, the Underclass,*

and Public Policy . Chicago: University of Chicago Press, 1987.

5. William Raspberry. The Men Aren't There to Marry. *Washington Post*, May 8, 1985.

6. Kathryn Edin, & Maria Kefalas. *Promises I Can Keep: Why Poor Women Put Motherhood before Marriage*. Berkeley: University of California Press, 2005.

7. J. D. Vance. *Hillbilly Elegy: A Memoir of a Family and Culture in Crisis*. New York: Harper, 2016: 144. (［美］J.D. 万斯：《乡下人的悲歌》，刘晓同、庄逸抒译，江苏凤凰文艺出版社 2017 年版。)

8. 有无数的文章执着于"性别工资差距"（gender wage gap）这一话题！我只想说，这种差距的背后可能有多种解释，包括女性倾向于从事低薪职业，倾向于在工作中不干那么长时间（通常是为了照顾家庭成员），还有对女性的真正的歧视，以及其他诸多因素。

9. Marianne Bertrand, Emir Kamenica, & Jessica Pan. Gender Identity and Relative Income within Households. *Quarterly Journal of Economics* 130, no. 2 (May 2015): 571–614.

10. David Autor, David Dorn, & Gordon Hanson. When Work Disappears: Manufacturing Decline and the Falling Marriage-Market Value of Men. *American Economic Review Insights* 1, no. 2 (2019): 161–78.

11. Massimo Anelli, Osea Giuntella, & Luca Stella. Robots, Marriageable Men, Family, and Fertility. *Journal of Human Resources*, 提前发表于 2021 年 11 月 15 日。

12. Andrew J. Cherlin, David Ribar, & Suzumi Yasutake. Nonmarital First Births, Marriage, and Income Inequality. *American Sociological Review* 81, no. 4 (2016): 749–70.

13. Eric Gould. Torn Apart? The Impact of Manufacturing Employment Decline on Black and White Americans. *Review of Economics and Statistics* 103, no. 4 (2021): 770–85.

14. Kerwin Kofi Charles, & Ching-Ming Luoh. Male Incarceration, the Marriage Market, and Female Outcomes. *Review of Economics and Statistics* 92 (August

2010): 614 – 27.

15. Gary S. Becker,. A Theory of Marriage. *Economics of the Family: Marriage, Children, and Human Capital*. Theodore Shultz ed. Chicago: University of Chicago Press, 1974): 299 – 351.

16. Martin Browning, Francois Bourguignon, Pierre A. Chiappori, & Valerie Lechene. Income and Outcomes: A Structural Model of Intrahousehold Allocation. *Journal of Political Economy* 102 (1994): 1067 – 96.

17. Na'ama Shenhav. Lowering Standards to Wed? Spouse Quality, Marriage, and Labor Market Responses to the Gender Wage Gap. *Review of Economics and Statistics* 103, no. 2 (2021): 265 – 79.

18. Melissa S. Kearney, & Riley Wilson. Male Earnings, Marriageable Men, and Non-Marital Fertility: Evidence from the Fracking Boom. Review of Economics and Statistics 100, no. 4 (October 2018): 678 – 90.

19. 我们使用的局部地区是人口普查中的"公用微数据区"（Public Use Microdata Areas，PUMA）；这些地区在地理上是连续的，覆盖了美国全国，根据定义，它们覆盖了至少 10 万人。在我们研究的年份里，美国 2057 个 PUMA 中，有 611 个有页岩油开采的新油井。

20. 比如，研究表明，在房价整体上涨的推动下，房产增值会导致房主生更多的孩子。经济学家丽莎·德特兰（Lisa Dettling）和我在 2014 年共同发表的一篇研究论文，以及经济学家迈克·洛文海姆（Mike Lovenheim）和凯文·芒福德（Kevin Mumford）在 2013 年发表的一篇论文都显示出了这种相关性。经济学家贾森·林多（Jason Lindo）在 2010 年发表的一篇论文显示，当丈夫失业时，他和妻子随后生育孩子的数量就会减少。

21. 细心的读者可能会猜测，结婚率上不去可能是因为，许多从事页岩油开采工作的男性都是外地人，不是本地人。确实，在北达科他州及附近地区有大量的外地工人涌入页岩油开采行业。但我们在分析中排除了北达科他州，因为那里的外地工人涌入的情况相对而言比较特殊。而在得克萨斯州、俄克拉何马州、宾夕法尼亚州和科罗拉多州以及全国其他州的页岩油开采的地区，并没有大量外地工人的涌入。这里的繁荣只为当地人带来了就业机会和收入的增长。

22. Dan Black, Natalia Kolesnikova, Seth Sanders, & Lowell J. Taylor, "Are Children 'Normal'?" *Review of Economics and Statistics* 95, no. 1 (2013): 21‑33。

23. 参 见 James Ziliak. Temporary Assistance for Needy Families. *Economics of Means‑Tested Transfer Programs*, vol. 1. Robert Moffitt, ed . Chicago: University of Chicago Press, 2015 : 303‑93。

24. Robert A. Moffitt. The Effect of Welfare on Marriage and Fertility. *Welfare, the Fam‑ily, and Reproductive Behavior: Research Perspectives*. Robert A. Moffitt, & National Research Council (US) Committee on Population ,ed. Washington, DC: National Academies Press (US), 1998.

25. Personal Responsibility and Work Opportunity Reconciliation Act of 1996, Pub. L. No. 104‑193, 110 Stat. 2105 . 1996.

26. 参见 Ziliak. Temporary Assistance for Needy Families. 从中可以回顾自 1970—2012 年间，"抚养未成年子女家庭援助计划""贫困家庭临时资助计划"案例的情况。

27. 2005 年，杰弗里·格罗格（Jeffrey Grogger）和林恩·卡罗利（Lynn Karoly）全面回顾了对福利改革影响的研究，并没有发现令人信服的证据说明，福利改革对婚姻或生育有明显的影响。参见 Jeffrey Grogger and Lynn Karoly, *Welfare Reform: Effects of a Decade of Change* (Cambridge, MA: Harvard University Press, 2005)。

第五章

1. 在这份政府报告中，对"中等收入"的定义是税前家庭收入在 59200 美元到 107400 美元之间。

2. 超过 80% 的单亲家庭都属于这个低收入群体；他们在每个孩子身上的支出与低收入群体中已婚父母家庭的支出相似。

3. 上述估算数据摘自 Mark Lino, Kevin Kuczynski, Nestor Rodriguez, & Rebecca Schap, *Expenditures on Children, by Families*, 2015. Miscellaneous Report no. 1528‑2015 . Washington, DC: United States Department of Agriculture, Center

for Nutrition Policy and Promotion, January 2017, revised March 2017。该报告基于 2011—2015 年消费者支出调查访谈的数据——这项调查由美国人口调查局和美国商务部主管，并与美国劳工部劳工统计局（Bureau of Labor Statistics, BLS）签订了合同。这项调查是现有的、有关全国性家庭支出话题最全面的资料来源，其样本中包括 23297 个已婚家庭和 7030 个单亲家庭，并使用劳工统计局的加权方法对所关注的美国人口进行了加权处理。这份报告的作者按如下方式将家庭开支分配到儿童身上：专门花在儿童身上的钱直接分配给儿童；食物和健康方面的开支，按照联邦政府调查的儿童开支占家庭开支的比例分配给儿童；家庭交通费和杂项费，按人头分配给儿童。

4. Sabino Kornrich, & Frank Furstenberg. Investing in Children: Changes in Parental Spending on Children, 1972 – 2007. *Demography* 50, No. 1 (2013): 1 – 23.

5. 尼拉杰·考沙尔（Neeraj Kaushal）、凯瑟琳·马纽松（Katharine Magnuson）和简·瓦尔德福格尔（Jane Waldfogel）在 2011 年发表的一篇论文中，利用 1997—2006 年消费者支出调查中的数据，计算父母在子女身上花费的差距，得出了类似的结果。他们将家庭收入由高到低分为五个等级，分析发现，随着家庭收入每上升一个等级，在丰富儿童课外生活中花的钱占家庭总支出的比例就会随之上升一个等级。收入最低的五分之一家庭，用于这方面的钱占家庭总支出的 3%；而最高两个等级的家庭，这一比例为 9%。以金钱数字的绝对值计算，这种差距就更大。参见 Neeraj Kaushal, Katherine Magnuson, and Jane Waldfogel. "How Is Family Income Related to Investments in Children's Learning?," 收录于 *Whither Opportunity? Rising Inequality, Schools, and Children's Life Chances*, 编者：G. J. Duncan and R. M. Murnane (New York: Russell Sage Foundation, 2011): 187 – 206。

6. 这项调查采访了 1807 位有 18 岁以下孩子的美国父母。Pew Research Center, *Parenting in America: Outlook, Worries, Aspirations are Strongly Linked to Financial Situation* (Washington, DC: Pew Research Center, 2015), https://assets. pew research.org/wp-content/uploads/sites/3/2015/12/2015-12-17_parenting-in-america_FINAL.pdf。

7. Anamarie A. Whitaker, Garrett Baker, Luke J. Matthews, Jennifer Sloan

McCombs, and Mark Barrett, *Who Plays, Who Pays? Funding for and Access to Youth Sports* (Santa Monica, CA: RAND Corporation, 2019), https://www.rand.org/pubs/research_reports/RR2581.html。

8. Jonathan Guryan, Erik Hurst, and Melissa S. Kearney, "Parental Education and Parental Time with Children," *Journal of Economic Perspectives* 22, no. 3 (2008): 23 – 46。

9. 这一差距在以下论文中有详细展示：Ariel Kalil, Rebecca Ryan, and Michael Corey, "Diverging Destinies: Maternal Education and the Development Gradient in Time with Children," *Demography* 49, no. 4 (2012): 1361 – 83。

10. 这一段中使用的分析样本包括年龄在 21—55 岁之间、至少有一个 18 岁以下孩子的成年人。这些人都有完整的 24 小时时间使用情况的记录。在这个具有全国代表性的样本中，包括 1552 名母亲和 1187 名父亲。"总育儿时间"包括四个部分。其一是基本儿童养育时间，指的是满足儿童基本需求的时间，包括母乳喂养、摇孩子入睡、普通喂食、换尿布、（直接或间接）提供医疗护理、梳洗等。（准备饭菜的时间不算在儿童养育时间内，而是算在家庭生产时间内。）其二是教育性儿童养育时间，指的是花时间给孩子读书、教孩子功课、辅导孩子做作业、参加孩子学校的会议以及类似的活动。其三是娱乐性儿童养育时间，包括和孩子一起玩游戏，和孩子一起在户外玩耍，参加孩子的体育活动或舞蹈表演，和孩子一起去动物园，和孩子一起散步。其四是和交通相关的儿童养育时间，指的是与其他三种养育时间相关的交通时间。例如，开车送孩子上学、看医生或去练习舞蹈都属于和交通相关的养育时间。

11. Ariel Kalil, Rebecca Ryan, and Elise Chor, "Time Investments in Children across Family Structures," *Annals of the American Academy of Political and Social Science* 654, no. 1 (2014): 150 – 68.

12. Sean F. Reardon, "The Widening Socioeconomic Status Achievement Gap: New Evidence and Possible Explanations," 收录于 Duncan and Murnane, eds., *Whither Opportunity?*

13. Sean F. Reardon and Ximena A. Portilla, "Recent Trends in Income, Racial, and

Ethnic School Readiness Gaps at Kindergarten Entry," *AERA Open* 2, no. 3 (July 2016).

. Joseph Price and Ariel Kalil, "The Effect of Mother–Child Reading Time on Children's Reading Skills: Evidence from Natural Within–Family Variation," *Child Development* 90, no. 6 (2019): 688–702.

15. Mario Fiorini and Michael P. Keane, "How the Allocation of Children's Time Affects Cognitive and Noncognitive Development," *Journal of Labor Economics* 32, no. 4 (2014): 787–836.

16. Annette Lareau, *Unequal Childhoods* (Berkeley: University of California Press, 2003) （［美］安妮特·拉鲁：《不平等的童年：阶层，种族和家庭生活》，张旭译，北京大学出版社 2009 年版。）

17. Garey Ramey and Valerie A. Ramey, "The Rug Rat Race," *Brookings Papers on Economic Activity, Economic Studies Program* 41, no. 1 (Spring 2010): 129–99.

18. Mattias Doepke and Fabrizio Zilibotti, *Love, Money, and Parenting: How Economics Explains the Way We Raise Our Kids* (Princeton, NJ: Princeton University Press, 2019) （［美］马赛厄斯·德普克、法布里奇奥·齐利博蒂：《爱、金钱和孩子：育儿经济学》，吴娴、鲁敏儿译，王永钦校对，格致出版社 2019 年版。）

19. Eric Dearing, Kathleen McCartney, and Beck A. Taylor, "Within–Child Associations be–tween Family Income and Externalizing and Internalizing Problems," *Developmental Psychology* 42, no. 2 (2006): 237–52.

20. Jason Lindo, Jessamyn Schaller, and Benjamin Hansen, "Caution! Men Not at Work: Gender–Specific Labor Market Conditions and Child Maltreatment," *Journal of Public Economics* 163 (2018): 77–98.

21. Anandi Mani, Sendhil Mullainathan, Eldar Shafir, and Jiaying Zhao, "Poverty Impedes Cognitive Function," *Science* 341, no. 6149 (2013): 976–80.

22. US Department of Health and Human Services, Office of Child Care, "Home Visiting," last updated May 19, 2022, https://www.acf.hhs.gov/occ/home–

visiting.

23. Ariel Kalil and Rebecca Ryan, "Parenting Practices and Socioeconomic Gaps in Childhood Outcomes," *Future of Children* 30, no. 1 (Spring 2020): 29–54.

24. Susan Mayer, Ariel Kalil, Philip Oreopoulos, and Sebastian Gallegos, "Using Behavioral Insights to Increase Parental Engagement: The Parents and Children Together Intervention," *Journal of Human Resources* 54, no. 4 (2019): 900–925.

25. William N. Evans and Craig L. Garthwaite, "Giving Mom a Break: The Impact of Higher EITC Payments on Maternal Health," *American Economic Journal: Economic Policy* 6, no. 2 (2014): 258–90.

第六章

1. Barack Obama, Father's Day speech, Apostolic Church of God, Chicago, IL, June 15, 2008, https://www.politico.com/story/2008/06/text-of-obamas-fatherhood-speech-011094.

2. 文中的统计数据来源于 US Department of Education, Office for Civil Rights, Civil Rights Data Collection, "2013–14 Discipline Estimations by Discipline Type" and "2013–14 Estimations for Enrollment," 收录于 National Center for Education Statistics, "Percentage of Students Receiving Selected Disciplinary Actions in Public Elementary and Secondary Schools, by Type of Disciplinary Action, Disability Status, Sex, and Race/Ethnicity: 2013–14," *Digest of Education Statistics*, table 233.28, January 2018, https://nces.ed.gov/programs/digest/d19/tables/dt19_233.28.asp.

3. 文中的统计数据是作者使用 2019 年美国社区调查的数据，并按个人调查权重加权得出的。

4. Marianne Bertrand and Jessica Pan, "The Trouble with Boys: Social Influences and the Gender Gap in Disruptive Behavior," *American Economic Journal: Applied Economics* 5, no. 1 (2013): 32–64.

5. David Autor, David Figlio, Krzysztof Karbownik, Jeffrey Roth, and Melanie

不结婚的社会

Wasserman, "Family Disadvantage and the Gender Gap in Behavioral and Educational Outcomes," *American Economic Journal: Applied Economics* 11, no. 3 (July 2019): 338–81.

6. Kerwin Kofi Charles and Ming Ching Luoh, "Male Incarceration, the Marriage Market, and Female Outcomes," *Review of Economics and Statistics* 92, no. 3 (August 2010): 614–27.

7. Raj Chetty, Nathaniel Hendren, Maggie R. Jones, and Sonya R. Porter, "Race and Economic Opportunity in the United States: An Intergenerational Perspective," *Quarterly Journal of Economics* 135, no. 2 (May 2020): 711–83.

8. Katie Kindelan, "Dads Form 'Dad's on Duty' Squad to Help Stop Violence at Their Kids' High School," *Good Morning America*, October 27, 2021, https://www.goodmorningamerica.com/family/story/dads-form-dads-duty-squad-stop-violence-kids-80787546.

9. Kindelan, "Dads Form 'Dad's on Duty' Squad".

10. Price V. Fishback, Jessica LaVoice, Allison Shertzer, and Randall Walsh, "The HOLC Maps: How Race and Poverty Influenced Real Estate Professionals' Evaluation of Lending Risk in the 1930s," NBER Working Paper no. 28146 (Cambridge, MA: National Bureau of Economic Research, November 2020), https://www.nber.org/papers/w28146.

11. US Department of Health and Human Services, Office of Family Assistance, "About Healthy Marriage and Responsible Fatherhood," 更新日期：2021 年 4 月 8 日，https://www.acf.hhs.gov/ofa/programs/healthy-marriage/about。

12. Sarah Avellar, Reginald Covington, Quinn Moore, Ankita Patnaik, and April Wu, *Parents and Children Together: Effects of Four Responsible Fatherhood Programs for Low-Income Fathers*. OPRE report no. 2018–50 (Washington, DC: Office of Planning, Research, and Evaluation, Administration for Children and Families, US Department of Health and Human Services, 2018).

13. Nicholas Eberstadt, *Men without Work* (West Conshohocken, PA: Templeton

Press, 2016).

14. Statistics reported in Melissa S. Kearney and Phillip B. Levine, "Role Models, Mentors, and Media Effects," *Future of Children* 30, no. 1 (June 2020): 83‑106. 我们使用 2011—2015 年美国社区调查中的人口普查数据生成这些统计数据，将"低收入"定义为家庭收入低于贫困线，"高收入"定义为家庭收入至少是联邦贫困线的 5 倍。我们通过在每个收入类别中取全国不同人口普查区特征的人口加权平均值来构建"典型"儿童。

15. Tara Watson, "Inequality and the Measurement of Residential Segregation by Income in American Neighborhoods," *Review of Income and Wealth* 55, no. 3 (2009): 820‑44.

16. 若要回顾该论点的相关证据，可参见 Kearney and Levine, "Role Models, Mentors, and Media Effects"。

17. 例如，参见："Resilience" guide provided by the Center on the Developing Child, Harvard University: https://developingchild.harvard.edu/science/key‑concepts/resilience/, 访问时间：2021 年 7 月 20 日。

18. Mary Bruce and John Bridgeland, *The Mentoring Effect: Young People's Perspectives on the Outcomes and Availability of Mentoring* (Washington, DC: Civic Enterprises with Hart Research Associates for MENTOR: the National Mentoring Partnership, 2014).

19. 如需要进一步了解该指导评估项目，参见 Phillip B. Levine, "Designing Effective Mentoring Programs for Disadvantaged Youth," 收录于 *Policies to Address Poverty in America*, edited by Melissa S. Kearney and Benjamin Harris (Washington, DC: Hamilton Project, 2014): 47‑54。

20. Jessica Mitchell, *2019 Big Brothers Big Sisters of America Annual Impact Report* (Cincinnati, OH: Big Brothers Big Sisters of America, May 2020), https://www.bbbs.org/wp‑content/uploads/2019‑BBBSA‑Annual‑Impact‑Report‑FINAL.pdf.

21. Joseph P. Tierney, Jean B. Grossman, and Nancy L. Resch, Making a Difference:

不结婚的社会

An Impact Study of Big Brothers/Big Sisters (Philadelphia, PA: Public/Private Ventures, 1995).

22. George W. Bush, "National Mentoring Month, 2002: A Proclamation by the President of the United States of America," Office of the Press Secretary, January 18, 2002, https://georgewbush-whitehouse.archives.gov/news/releases/2002/01/20020118-3.html.

23. Big Brothers Big Sisters of America, "Get Involved," 访问日期：2021 年 3 月 10 日，https://www.bbbs.org/get-involved/。

24. 参 见：Erick Trickey, "What Works: Group Therapy Is Saving Lives in Chicago," *Politico, September* 21, 2017, https://www.politico.com/magazine/story/2017/09/21/chicago-violence-crime-psychology-cognitive-behavioral-therapy-215633/。

25. Trickey, "What Works: Group Therapy Is Saving Lives in Chicago".

26. Sara B. Heller, Anuj K. Shah, Jonathan Guryan, Jens Ludwig, Sendhil Mullainathan, and Harold A. Pollack, "Thinking, Fast and Slow? Some Field Experiments to Reduce Crime and Dropout in Chicago," *Quarterly Journal of Economics* 132, no. 1 (February 2017): 1 - 54.

27. Trickey, "What Works: Group Therapy Is Saving Lives in Chicago." 2017 年，"兄弟守望者"联盟成为奥巴马基金会的一项倡议，"We Are Our Brothers' Keepers," Obama Foundation, 访问时间：2021 年 4 月 14 日，https://www.obama.org/mbka/。

28. Youth Guidance, *Annual Report* 2018 - 2019 (Chicago: Youth Guidance, 2020), https://www.youth-guidance.org/wp-content/uploads/2022/11/Youth-Guidance-Annual-Report-2018-2019.pdf.

29. 本章强调男孩的遭遇，并不是要掩盖或否认女孩面临的那些尽管不同，但同样真实存在的困境。与男孩相比，女孩一般不会表现出所谓的外化性行为的问题。这意味着她们不太会在学校或法律上陷入麻烦，但这并不意味着她们没有承受痛苦。女孩们更有可能将她们的挣扎内化，这一趋势已经被"成为一个真正的男人"的姊妹项目"成为一个真正的女人"（Working on Womanhood，WOW）所承认。该项目于 2011 年由一群女性社会工作者在芝加哥创立，领导者是盖尔·戴（Gail Day）。这个项目是一个多层面的、以学年为单位周期的团体咨询和临床指导项目，旨在提高七年级至十二年级、曾在高风险和低资源的社区遭受创伤性压力的女孩的社交情感能力。在撰写本文时，芝加哥大学城市实验室正在对"成为一个真正的女人"项目进行评估。

第七章

1. "Study Finds American Women Delaying Motherhood because the Whole Thing Blows," *Onion*, June 18, 2021.

2. William Jefferson Clinton, "Statement on Teen Pregnancy," White House Office of the Press Secretary, January 29, 1996, https://clintonwhitehouse4.archives.gov/WH/New/other/preg.html.

3. William Jefferson Clinton, State of the Union address, US Capitol, Washington, DC, January 23, 1996, https://clintonwhitehouse4.archives.gov/WH/New/other/sotu.html.

4. 关于堕胎情况的两个主要数据来源（均不完整）都显示出，美国的堕胎率在大幅下降。古特马赫研究所（Guttmacher Institute）的报告称，到 2020 年，每 1000 名 15—44 岁的女性中有 14.4 人堕胎，低于 1981 年的每 1000 名女性中 29.3 人堕胎。疾病控制与预防中心（CDC）报告称，2019 年，美国每 1000 名 15—44 岁的女性中有 11.4 人堕胎，低于 1980 年的每 1000 名女性中 25 人堕胎。来源依据：Jeff Diamant and Besheer Mohamed, "What the Data Says about Abortion in the U.S.," Pew Research Center, June 24, 2022, https://www.pewresearch.org/fact-tank/2022/06/24/what-the-data-says-about-abortion-in-the-u-s-2/。

5. 参见：Melissa S. Kearney and Phillip B. Levine, "Causes and Consequences of Declining US Fertility," Aspen Economic Strategy Group, August 13, 2022, https://www.economicstrategygroup.org/publication/Kearney_Levine/。

6. "Study Finds American Women Delaying Motherhood because the Whole Thing

Blows," *Onion*.

7. Melissa S. Kearney and Phillip B. Levine, "Investigating Recent Trends in the U.S. Teen Birth Rates," *Journal of Health Economics* 41 (2015): 15 - 29.

8. Joyce C. Abma and Gladys M Martinez, "Sexual Activity and Contraceptive Use among Teenagers in the United States, 2011 - 2015," *National Health Statistics Report* 104 (June 2017): 1 - 23, https://pubmed.ncbi.nlm.nih.gov/28696201/.

9. Kearney and Levine, "Investigating Recent Trends in the U.S. Teen Birth Rates".

10. 2017 年，贾森·林多和安娜丽莎·帕卡姆（Annalisa Packham）发表的一篇论文称，科罗拉多州在 2009 年花费 2300 万美元启动的计划生育计划，增加了人们使用长效可逆避孕措施的机会。在有诊所获得资助的县里，该计划在 5 年内使这里的青少年生育率下降了 6.4%。这项研究表明，增加人们使用长效可逆避孕措施的机会，可以对青少年生育率产生实质性的影响。但类似的大规模计划并没有在全国范围内大量普及，因此也无法成为生育率趋势下降的主要原因。参见：Jason M. Lindo and Analisa Packham, "How Much Can Expanding Access to Long-Acting Reversible Contraceptives Reduce Teen Birth Rates?" *American Economic Journal: Economic Policy* 9, no. 3 (2017): 348 - 76。

11. Melissa S. Kearney and Phillip B. Levine, "Media Influences on Social Outcomes: The Impact of MTV's 16 and Pregnant on Teen Childbearing," *American Economic Review* 105, no. 12 (2015): 3597 - 632.

12. Bill Albert, *With One Voice 2010: America's Adults and Teens Sound Off about Teen Pregnancy* (Washington, DC: National Campaign to Prevent Teen and Unplanned Pregnancy, 2010).

13. 为了考察《16 岁怀孕》这档真人秀节目与青少年生育率之间的相关性，我们采用了计量经济学上一种被称为"工具变量"（instrumental variables）的研究方法。我们通过音乐电视频道在《16 岁怀孕》播出之前的节目收视率，来预测《16 岁怀孕》这档节目的收视率。这里的假设是，之前的节目和我们要考察的青少年生育率的趋势无关，只是在《16 岁怀孕》这档节目之前播出而已。

尾注

14. 例 如，参 见：Melissa S. Kearney and Phillip Levine，"Income Inequality and Early, Non-Marital Childbearing," *Journal of Human Resources* 49 (Winter 2014): 1 - 31。

第八章

1. 如需全面回顾关于此论点的相关证据，可参见 Melissa S. Kearney and Phillip Levine，"Role Models, Mentors, and Media Influences," *Future of Children* 30 (June 2020): 83 - 106。

2. Eliana La Ferrara, Alberto Chong, and Suzanne Duryea，"Soap Operas and Fertility: Evidence from Brazil," *American Economic Journal: Applied Economics* 4, no. 4 (2012): 1 - 31; and Alberto Chong and Eliana La Ferrara，"Television and Divorce: Evidence from Brazilian Novelas," *Journal of the European Economic Association* 7 (2009): 458 - 68.

3. Kathryn Edin and Maria Kefalas, *Promises I Can Keep: Why Poor Women Put Motherhood before Marriage* (Berkeley: University of California Press, 2005).

4. Sarah Halpern-Meekin, Social Poverty: *Low-Income Parents and the Struggle for Family and Community Ties* (New York: New York University Press, 2019).

5. 参 见：Katharine Abraham and Melissa S. Kearney，"Explaining the Decline in the U.S. Employment-to-Population Ratio: A Review of the Evidence," *Journal of Economic Literature* 58, no. 3 (September 2020): 585 - 643。

6. 例如,参见：Daron Acemoglu and David Autor, "Skills, Tasks and Technologies: Implications for Employment and Earnings," *Handbook of Labor Economics* 4 (2011): 1043 - 171; Nicole M. Fortin, Thomas Lemieux, and Neil Lloyd，"Labor Market Institutions and the Distribution of Wages: The Role of Spillover Effects," Journal of Labor Economics 39, no. S2 (2021): S369 - S412; Henry S. Farber, Daniel Herbst, Ilyana Kuziemko, and Suresh Naidu，"Unions and Inequality over the Twentieth Century: New Evidence from Survey Data," *Quarterly Journal of Economics* 136, no. 3 (2021): 1325 - 85。

　　　　　　　　　　　　　　　　　不结婚的社会

7. 阿斯彭经济战略小组（Aspen Economic Strategy Group）的 2019 年年度政策卷包含了这些不同思路的政策建议。参见：Melissa S. Kearney and Amy Ganz 等编著，Expanding Economic Opportunity for More Americans: *Bipartisan Policies to Increase Work, Wages, and Skills* (Aspen, CO: Aspen Institute Economic Strategy Group, February 2019), https://www.economicstrategygroup.org/publication/expanding-economic-opportunity-for-more-americans-copy/。

8. 从 2003 年开始，人力示范研究公司（MDRC）的研究人员在全国 8 个地区，采用随机对照试验的方式，对"扶植美满婚姻"（Supporting Healthy Marriage, SHM）项目进行了评估。扶植美满婚姻项目为期一年，自愿参加；内容主要包括一系列关于亲密关系和婚姻主题的教育研讨会，提供 24—30 小时设计完备的课程。研讨会的主题包括如何管理冲突、有效沟通、增加支持行为和建立亲密关系等。扶植美满婚姻项目还提供了额外的社会和教育活动，以及家庭帮扶服务，由专门的工作人员与参与项目的夫妇保持联系和互动，并根据需要为参与者提供其他服务。随机对照试验的结果显示，在项目启动两年后，还在一起生活的夫妇们报告说，他们的婚姻更幸福了，婚姻中的麻烦更少了。参与该项目的女性报告说，她们的悲伤和焦虑情绪有所缓解。但是，被随机分配到扶植美满婚姻项目中的夫妇仍然生活在一起的比例并不比对照组中的夫妇高：在 30 个月的跟踪调查中，实验组和对照组中都有 18% 的夫妇离婚或不再保持稳定的亲密关系。参见：Erika Lundquist, JoAnn Hsueh, Amy E. Lowenstein, Kristen Faucetta, Daniel Gubits, Charles Michalopoulos, and Virginia Knox, *A Family-Strengthening Program for Low-Income Families: Final Impacts from the Supporting Healthy Marriage Evaluation*, OPRE report 2014‑09A (Washington, DC: Office of Planning, Research and Evaluation, Administration for Children and Families, US Department of Health and Human Services, 2014)。

9. 如需要进一步了解有关该项目的操作模式、实施情况以及在研究环境和现实环境中取得成功的综合证据，参见：US Department of Health and Human Services, Administration for Children and Families, "Home Visiting Evidence of Effectiveness," 访问日期：November 15, 2022, https://homvee.acf.hhs.gov。

10. 可参见类似项目的学术研究报告：Susan E. Mayer, Ariel Kalil, Philip Oreopoulos, and Sebastian Gallegos, "Using Behavioral Insights to Increase Parental Engagement," *Journal of Human Resources* 54, no. 4 (2019): 900‑925。

11. Hilary Hoynes, Doug Miller, and David Simon, "Income, the Earned Income Tax Credit, and Infant Health," *American Journal of Economics* 7, no. 1 (2015): 172‑211; William N. Evans and Craig L. Garthwaite, "Giving Mom a Break: The Impact of Higher EITC Payments on Maternal Health," *American Economic Journal: Economic Policy* 6, no. 2 (2014): 258‑90.

12. 2012 年，达尔（Dahl）和洛克纳（Lochner）两位学者进行了一项研究，希望观察到当收入所得税抵免的规则发生变化导致一些家庭在一年内获得更多的收入时会发生什么。研究发现，当收入所得税抵免的变化使家庭收入每增加 1000 美元时，孩子的标准化数学和阅读考试成绩就会提高 6% 个标准差。来自弱势家庭的孩子、年龄较小的孩子和男孩的成绩提高最大。参见：Gordon B. Dahl and Lance Lochner, "The Impact of Family Income on Child Achievement: Evidence from the Earned Income Tax Credit," *American Economic Review* 102, no. 5 (August 2012): 1927‑56。2019 年，马诺里（Manoli）和特纳（Turner）在一项研究中发现，在高中最后一学年的春季（由于税收抵免流程的特殊性）获得收入所得税抵免额外收入的低收入家庭中的孩子，更有可能考上大学。似乎是手头的额外现金使一些原本无法负担孩子上大学的家庭能够负担得起大学费用了。参见：Day Manoli and Nicholas Turner, "Cash-On-Hand and College Enrollment: Evidence from Population Tax Data and the Earned Income Tax Credit," *American Economic Journal: Economic Policy* 10, no. 2 (2018): 242‑71。

13. Randall Akee, William E. Copeland, Gordon Keeler, Adrian Angold, and E. Jane Costello, "Parents' Incomes and Children's Outcomes: A Quasi-Experiment Using Transfer Payments from Casino Profits," *American Economic Journal: Applied Economics* 2, no. 1 (Jan-uary 2010): 86‑115; Randall Akee, William Copeland, E. Jane Costello, and Emilia Simeonova, "How Does Household Income Affect Child Personality Traits and Behaviors?" *American Economic*

不结婚的社会

Review 108, no. 3 (2018): 775 – 827.

14. 例如，参见 Hilary Hoynes, Diane Whitmore Schanzenbach, and Douglas Almond, "Long-Run Impacts of Childhood Access to the Safety Net," *American Economic Review* 106, no. 4 (2016): 903 – 34; Martha J. Bailey, Hilary W. Hoynes, Maya Rossin-Slater, and Reed Walker, "Is the Social Safety Net a Long-Term Investment? Large-Scale Evidence from the Food Stamps Program," NBER Working Paper no. 26942 (Cambridge, MA: National Bureau of Economic Research, April 2020), https://www.nber.org/papers/w26942; Sarah Miller and Laura R. Wherry, "The Long-Term Effects of Early Life Medicaid Coverage," *Journal of Human Resources* 54, no. 3 (2019): 785 – 824; David Brown, Amanda Kowalski, and Itahai Lurie, "Long-Term Impacts of Childhood Medicaid Expansions on Outcomes in Adulthood," *Review of Economic Studies* 87, no. 2 (March 2020): 792 – 821。

15. 例如，参见 Jens Ludwig and Douglas L. Miller, "Does Head Start Improve Children's Life Chances? Evidence from a Regression Discontinuity Design," *Quarterly Journal of Economics* 122, no. 1 (2007): 159 – 208; Rucker Johnson and C. Kirabo Jackson, "Reducing Inequality through Dynamic Complementarity: Evidence from Head Start and Public School Spending," *American Economic Journal: Economic Policy* 11, no. 4 (2019): 310 – 49; Owen Thompson, "Head Start's Long-Run Impact: Evidence from the Program's Introduction," *Journal of Human Resources* 53, no. 4 (2018): 1100 – 1139。

16. James Heckman and Rasmus Landersø, "Lessons for Americans from Denmark about Inequality and Social Mobility," *Labour Economics* 77 (August 2022).

参考文献

1. Abma, Joyce C., and Gladys M. Martinez. "Sexual Activity and Contraceptive Use among Teenagers in the United States, 2011‐2015." *National Health Statistics Report* 104 (June 2017): 1‐23.

2. Abraham, Katharine, and Melissa S. Kearney. "Explaining the Decline in the U.S. Employment‐to‐Population Ratio: A Review of the Evidence." *Journal of Economic Literature* 58, no. 3 (September 2020): 585‐643.

3. Acemoglu, Daron, and David Autor. "Skills, Tasks and Technologies: Implications for Employment and Earnings." *Handbook of Labor Economics* 4 (2011): 1043‐171.

4. Akee, Randall, William Copeland, E. Jane Costello, and Emilia Simeonova. "How Does Household Income Affect Child Personality Traits and Behaviors?" *American Economic Review* 108, no. 3 (2018): 775‐827.

5. Akee, Randall, William E. Copeland, Gordon Keeler, Adrian Angold, and E. Jane Costello. "Parents' Incomes and Children's Outcomes: A Quasi‐Experiment Using Transfer Payments from Casino Profits." *American Economic Journal: Applied Economics* 2, no. 1 (January 2010): 86‐115.

6. Albert, Bill. *With One Voice 2010: America's Adults and Teens Sound Off about Teen Pregnancy*. Washington, DC: National Campaign to Prevent Teen and Unplanned Pregnancy, 2010.

7. Amato, Paul R. "The Impact of Family Formation Change on the Cognitive, Social, and Emotional Well‐Being of the Next Generation." *Future of Children* 15, no. 2 (2005): 75‐96.

8. Ananat, Elizabeth, and Guy Michaels. "The Effect of Marital Breakup on the Income

Distribution of Women with Children." *Journal of Human Resources* 43, no. 3 (2008): 611‒29.

9. Anelli, Massimo, Osea Giuntella, and Luca Stella. "Robots, Marriageable Men, Family, and Fertility." *Journal of Human Resources*. Published ahead of print, November 15, 2021.

10. Arteaga, Carolina. "Parental Incarceration and Children's Educational Attainment." *Review of Economics and Statistics*. Published ahead of print, October 15, 2021.

11. Autor, David, David Dorn, and Gordon Hanson. "When Work Disappears: Manufacturing Decline and the Falling Marriage-Market Value of Men." *American Economic Review Insights* 1, no. 2 (September 2019): 161‒78.

12. Autor, David, David Figlio, Krzysztof Karbownik, Jeffrey Roth, and Melanie Wasserman. "Family Disadvantage and the Gender Gap in Behavioral and Educational Outcomes." *American Economic Journal: Applied Economics* 11, no. 3 (July 2019): 338‒81.

13. Avellar, Sarah, Reginald Covington, Quinn Moore, Ankita Patnaik, and April Wu. *Parents and Children Together: Effects of Four Responsible Fatherhood Programs for Low-Income Fathers*. OPRE report no. 2018‒50. Washington, DC: Office of Planning, Research, and Evaluation, Administration for Children and Families, US Department of Health and Human Services, 2018.

14. Bailey, Martha J., Hilary W. Hoynes, Maya Rossin-Slater, and Reed Walker. "Is the Social Safety Net a Long-Term Investment? Large-Scale Evidence from the Food Stamps Program." NBER Working Paper no. 26942. Cambridge, MA: National Bureau of Economic Research, April 2020.

15. Becker, Gary S. "A Theory of Marriage." In *Economics of the Family: Marriage, Children, and Human Capital*, edited by Theodore Shultz, 299‒351. Chicago: University of Chicago Press, 1974.

16. Becker, Gary S. *A Treatise on the Family*. Cambridge, MA: Harvard University Press, 1981.

17. Bertrand, Marianne, Emir Kamenica, and Jessica Pan. "Gender Identity and Relative Income within Households." *Quarterly Journal of Economics* 130, no. 2 (May 2015): 571‒614.

18. Bertrand, Marianne, and Jessica Pan. "The Trouble with Boys: Social Influences and the Gender Gap in Disruptive Behavior." *American Economic Journal: Applied Economics* 5, no. 1 (2013): 32‒64.

19. Big Brothers Big Sisters of America. "Get Involved." Accessed March 10, 2021. https://

www.bbbs.org/get-involved/.

20. Bjorklund-Young, Alanna. *Family Income and the College Completion Gap*. Baltimore, MD: Johns Hopkins Institute for Education Policy, March 2016.

21. Black, Dan A., Natalia Kolesnikova, Seth Sanders, and Lowell J. Taylor. "Are Children 'Normal'?" *Review of Economics and Statistics* 95, no. 1 (2013): 21–33.

22. Black, Dan A., Seth G. Sanders, and Lowell J. Taylor. "The Economics of Lesbian and Gay Families." *Journal of Economic Perspectives* 21, no. 2 (2007): 53–70.

23. Blandin, Adam, and Christopher Herrington. "Family Heterogeneity, Human Capital Investment, and College Attainment." *American Economic Journal: Macroeconomics* 14, no. 4 (2022): 438–78.

24. Brown, David, Amanda Kowalski, and Ithai Lurie. "Long-Term Impacts of Childhood Medicaid Expansions on Outcomes in Adulthood." *Review of Economic Studies* 87, no. 2 (March 2020): 792–821.

25. Brown, Susan L., J. Bart Stykes, and Wendy D. Manning. "Trends in Children's Family Instability, 1995–2010." *Journal of Marriage and Family* 78, no. 5 (2016): 1173–83.

26. Browning, Martin, Francois Bourguignon, Pierre A. Chiappori, and Valerie Lechene. "Income and Outcomes: A Structural Model of Intrahousehold Allocation." *Journal of Po-litical Economy* 102, no. 6 (1994): 1067–96.

27. Bruce, Mary, and John Bridgeland. *The Mentoring Effect: Young People's Perspectives on the Outcomes and Availability of Mentoring*. Washington, DC: Civic Enterprises with Hart Research Associates for MENTOR: the National Mentoring Partnership, 2014.

28. Bush, George W. "National Mentoring Month, 2002: A Proclamation by the President of the United States of America." Office of the Press Secretary, January 18, 2002.

29. Carlson, Marcia. "Family Structure, Father Involvement, and Adolescent Behavioral Outcomes." *Journal of Marriage and Family* 68, no. 1 (2006): 137–54.

30. Carlson, Marcia. "Sara McLanahan: Pioneering Scholar Focused on Families and the Well-being of Children." *Proceedings of the National Academy of Sciences* 119, no. 16 (April 11, 2022).

31. Case, Ann, and Angus Deaton. *Deaths of Despair and the Future of Capitalism*. Princeton, NJ: Princeton University Press, 2020. （中文译本：［美］安·凯斯、安格斯·迪顿：《美国怎么了：绝望的死亡和资本主义的未来》，杨静娴译，中信出版社 2020 年版。）

32. Case, Anne, and Christina Paxson. "Mothers and Others: Who Invests in Children's Health?" *Journal of Health Economics* 20, no. 3 (May 2001): 301–28.

33. Charles, Kerwin Kofi, and Ching-Ming Luoh. "Male Incarceration, the Marriage Market, and Female Outcomes." *Review of Economics and Statistics* 92, no. 3 (August 2010): 614‒27.

34. Cherlin, Andrew. "Demographic Trends in the United States: A Review of Research in the 2000s." *Journal of Marriage and Family* 72, no. 3 (June 2010): 403‒19.

35. Cherlin, Andrew J., David Ribar, and Suzumi Yasutake. "Nonmarital First Births, Marriage, and Income Inequality." *American Sociological Review* 81, no. 4 (August 2016): 749‒70.

36. Chetty, Raj, Nathaniel Hendren, Maggie R. Jones, and Sonya R. Porter. "Race and Economic Opportunity in the United States: An Intergenerational Perspective." *Quarterly Journal of Economics* 135, no. 2 (May 2020): 711‒83.

37. Chong, Alberto, and Eliana La Ferrara. "Television and Divorce: Evidence from Brazilian Novelas." *Journal of the European Economic Association* 7 (2009): 458‒68.

38. Clinton, William Jefferson. "Statement on Teen Pregnancy." White House Office of the Press Secretary, January 29, 1996.

39. Clinton, William Jefferson. State of the Union address. US Capitol, Washington, DC, January 23, 1996.

40. Cross, Christina J. "Racial/Ethnic Differences in the Association between Family Structure and Children's Education." *Journal of Marriage and Family* 81, no. 2 (2020): 691‒712.

41. Dahl, Gordon B., and Lance Lochner. "The Impact of Family Income on Child Achievement: Evidence from the Earned Income Tax Credit." *American Economic Review* 102, no. 5 (August 2012): 1927‒56.

42. Dearing, Eric, Kathleen McCartney, and Beck A. Taylor. "Within-Child Associations between Family Income and Externalizing and Internalizing Problems." *Developmental Psychology* 42, no. 2 (2006): 237‒52.

43. Dettling, Lisa, and Melissa S. Kearney. "House Prices and Birth Rates: The Impact of the Real Estate Market on the Decision to Have a Baby." *Journal of Public Economics* 110 (2014): 82‒100.

44. Diamant, Jeff, and Besheer Mohamed. "What the Data Says about Abortion in the U.S." Pew Research Center, June 24, 2022.

45. Doepke, Matthias, and Fabrizio Zilibotti. *Love, Money, and Parenting: How Economics Explains the Way We Raise Our Kids*. Princeton, NJ: Princeton University Press, 2019. （中文译本：［美］马赛厄斯·德普克、法布里奇奥·齐利博蒂：《爱、金钱和孩

不结婚的社会

子：育儿经济学》，吴娴、鲁敏儿译，王永钦校对，格致出版社 2019 年版。）

46. Eberstadt, Nicholas. *Men without Work*. West Conshohocken, PA: Templeton Press, 2016.

47. Edin, Kathryn, and Maria Kefalas. *Promises I Can Keep: Why Poor Women Put Motherhood* before Marriage. Berkeley: University of California Press, 2005.

48. Edin, Kathryn, and Timothy J. Nelson. *Doing the Best I Can: Fatherhood in the Inner City*. Berkeley: University of California Press, 2013.

49. Evans, William N., and Craig L. Garthwaite. "Giving Mom a Break: The Impact of Higher EITC Payments on Maternal Health." *American Economic Journal: Economic Policy* 6, no. 2 (2014): 258 – 90.

50. Farber, Henry S., Daniel Herbst, Ilyana Kuziemko, and Suresh Naidu. "Unions and Inequality over the Twentieth Century: New Evidence from Survey Data." *Quarterly Journal of Economics* 136, no. 3 (2021): 1325 – 85.

51. Fiorini, Mario, and Michael P. Keane. "How the Allocation of Children's Time Affects Cognitive and Noncognitive Development." *Journal of Labor Economics* 32, no.4 (2014): 787 – 836.

52. Fishback, Price V., Jessica LaVoice, Allison Shertzer, and Randall Walsh. "The HOLC Maps: How Race and Poverty Influenced Real Estate Professionals' Evaluation of Lending Risk in the 1930s." NBER Working Paper no. 28146. Cambridge, MA: National Bureau of Economic Research, November 2020.

53. Fortin, Nicole M., Thomas Lemieux, and Neil Lloyd. "Labor Market Institutions and the Distribution of Wages: The Role of Spillover Effects." *Journal of Labor Economics* 39, no. S2 (2021): S369 – S412.

54. Garfinkel, Irwin, and Sara S. McLanahan. *Single Mothers and Their Children: A New American Dilemma*. Washington, DC: Urban Institute Press, 1986.

55. Goldin, Claudia. "The Quiet Revolution That Transformed Women's Employment, Education, and Family." *American Economic Review* 96, no. 2 (2006): 1 – 21.

56. Gould, Eric. "Torn Apart? The Impact of Manufacturing Employment Decline on Black and White Americans." *Review of Economics and Statistics* 103, no. 4 (2021): 770 – 85.

57. Grall, Timothy. Custodial Mothers and Fathers and Their Child Support: 2015. Current Population Reports P60−262. Washington, DC: US Census Bureau, January 2018. .

58. Grogger, Jeffrey, and Lynn A. Karoly. *Welfare Reform: Effects of a Decade of Change*. Cambridge, MA: Harvard University Press, 2005.

59. Gruber, Jonathan. "Is Making Divorce Easier Bad for Children? The Long−Run

Implications of Unilateral Divorce." *Journal of Labor Economics* 22, no. 4 (2004): 799 – 833.

60. Guryan, Jonathan, Erik Hurst, and Melissa S. Kearney. "Parental Education and Parental Time with Children." *Journal of Economic Perspectives* 22, no. 3 (2008): 23 – 46.

61. Halpern-Meekin, Sarah. *Social Poverty: Low-Income Parents and the Struggle for Family and Community Ties*. New York: New York University Press, 2019.

62. Härkönen, Juho. "Diverging Destinies in International Perspective: Education, Single Motherhood, and Child Poverty." LIS Working Paper Series no. 713. Luxembourg: LIS Cross-National Data Center, August 2017.

63. Heckman, James, and Rasmus Landersø. "Lessons for Americans from Denmark about Inequality and Social Mobility." *Labour Economics* 77 (August 2022).

64. Heller, Sara B., Anuj K. Shah, Jonathan Guryan, Jens Ludwig, Sendhil Mullainathan, and Harold A. Pollack. "Thinking, Fast and Slow? Some Field Experiments to Reduce Crime and Dropout in Chicago." *Quarterly Journal of Economics* 132, no. 1 (February 2017): 1 – 54.

65. Hill, Carolyn J., Harry J. Holzer, and Henry Chen. *Against the Tide: Household Structure, Opportunities, and Outcomes among White and Minority Youth*. Kalamazoo, MI: W. E. Upjohn Institute for Employment Research, 2009.

66. Hoynes, Hilary, Doug Miller, and David Simon. "Income, the Earned Income Tax Credit, and Infant Health." *American Journal of Economics* 7, no. 1 (2015): 172 – 211.

67. Hoynes, Hilary, Diane Whitmore Schanzenbach, and Douglas Almond. "Long-Run Impacts of Childhood Access to the Safety Net." *American Economic Review* 106, no. 4 (2016): 903 – 34.

68. Johnson, Rucker, and C. Kirabo Jackson. "Reducing Inequality through Dynamic Complementarity: Evidence from Head Start and Public School Spending." *American Economic Journal: Economic Policy* 11, no. 4 (2019): 310 – 49.

69. Kalil, Ariel, and Rebecca Ryan. "Parenting Practices and Socioeconomic Gaps in Childhood Outcomes." *Future of Children* 30, no. 1 (Spring 2020): 29 – 54.

70. Kalil, Ariel, Rebecca Ryan, and Elise Chor. "Time Investments in Children across Family Structures." *Annals of the American Academy of Political and Social Science* 654, no. 1 (2014): 150 – 68.

71. Kalil, Ariel, Rebecca Ryan, and Michael Corey. "Diverging Destinies: Maternal Education and the Development Gradient in Time with Children." *Demography* 49, no. 4 (2012): 1361 – 83.

不结婚的社会

72. Kaushal, Neeraj, Katherine Magnuson, and Jane Waldfogel. "How Is Family Income Related to Investments in Children's Learning?" In *Whither Opportunity? Rising Inequality, Schools, and Children's Life Chances*, edited by G. J. Duncan and R. M. Murnane, 187–206. New York: Russell Sage Foundation, 2011.

73. Kearney, Melissa S. "Is There an Effect of Incremental Welfare Benefits on Fertility Behavior? A Look at the Family Cap." *Journal of Human Resources* 39, no. 2 (2004): 295–325.

74. Kearney, Melissa S., and Amy Ganz, eds, *Expanding Economic Opportunity for More Americans: Bipartisan Policies to Increase Work, Wages, and Skills*. Aspen, CO: Aspen Institute Economic Strategy Group, February 2019.

75. Kearney, Melissa S., and Phillip B. Levine. "Causes and Consequences of Declining US Fertility." Aspen Economic Strategy Group, August 13, 2022.

76. Kearney, Melissa S., and Philip B. Levine. "The Economics of Non-Marital Childbearing and the Marriage Premium for Children." *Annual Review of Economics* 9 (2017): 327–52.

77. Kearney, Melissa S., and Phillip B. Levine. "Income Inequality and Early, Non-Marital Child-bearing." *Journal of Human Resources* 49 (Winter 2014): 1–31.

78. Kearney, Melissa S., and Phillip B. Levine. "Investigating Recent Trends in the U.S. Teen Birth Rates." *Journal of Health Economics* 41 (2015): 15–29.

79. Kearney, Melissa S., and Phillip B. Levine. "Media Influences on Social Outcomes: The Impact of MTV's 16 and Pregnant on Teen Childbearing." *American Economic Review* 105, no. 12 (2015): 3597–632.

80. Kearney, Melissa S., and Phillip B. Levine. "Role Models, Mentors, and Media Effects." *Future of Children* 30, no. 1 (June 2020): 83–106.

81. Kearney, Melissa S., and Phillip B. Levine. "Subsidized Contraception, Fertility, and Sexual Behavior." *Review of Economics and Statistics* 91, no. 1 (2009): 137–51.

82. Kearney, Melissa S., and Phillip B. Levine. "Why Is the Teen Birth Rate in the United States So High and Why Does It Matter?" *Journal of Economic Perspectives* 26, no. 2 (2012): 141–66.

83. Kearney, Melissa S., and Phillip B. Levine. "Will Births in the US Rebound? Probably Not." Brookings Institution (blog), May 24, 2021.

84. Kearney, Melissa S., and Riley Wilson. "Male Earnings, Marriageable Men, and Non-Marital Fertility: Evidence from the Fracking Boom." *Review of Economics and Statistics* 100, no. 4 (October 2018): 678–90.

参考文献

85. Keene, Elodie, dir . *The Wire*. Season 2, episode 3, "Hot Shots." Aired June 15, 2003, on HBO.

86. Kindelan, Katie. "Dads Form 'Dad's on Duty' Squad to Help Stop Violence at Their Kids' High School." *Good Morning America*, October 27, 2021. https://www.goodmorningamerica.com/family/story/dads-form-dads-duty-squad-stop-violence-kids-80787546.

87. Kornrich, Sabino, and Frank Furstenberg. "Investing in Children: Changes in Parental Spending on Children, 1972 – 2007." *Demography* 50, no. 1 (2013): 1 – 23.

88. La Ferrara, Eliana, Alberto Chong, and Suzanne Duryea. "Soap Operas and Fertility: Evidence from Brazil." *American Economic Journal: Applied Economics* 4, no. 4 (2012): 1 – 31.

89. Lareau, Annette. *Unequal Childhoods*. Berkeley: University of California Press, 2003. （中文译本：［美］安妮特·拉鲁：《不平等的童年：阶层，种族和家庭生活》，张旭译，北京大学出版社 2009 年版。）

90. Levine, Phillip B. "Designing Effective Mentoring Programs for Disadvantaged Youth." In *Policies to Address Poverty in America*, edited by Melissa S. Kearney and Benjamin Harris, 47 – 54. Washington, DC: Hamilton Project, 2014.

91. Lindo, Jason M. "Are Children Really Inferior Goods? Evidence from Displacement Driven Income Shocks." *Journal of Human Resources* 45, no. 2 (2010): 301 – 27.

92. Lindo, Jason M., and Analisa Packham. "How Much Can Expanding Access to Long-Acting Reversible Contraceptives Reduce Teen Birth Rates?" *American Economic Journal: Economic Policy* 9, no. 3 (2017): 348 – 76.

93. Lindo, Jason M., Jessamyn Schaller, and Benjamin Hansen. "Caution! Men Not at Work: Gender-Specific Labor Market Conditions and Child Maltreatment." *Journal of Public Economics* 163 (2018): 77 – 98.

94. Lino, Mark, Kevin Kuczynski, Nestor Rodriguez, and Rebecca Schap. *Expenditures on Children, by Families*, 2015. Miscellaneous Report no. 1528 – 2015. Washington, DC: United States Department of Agriculture, Center for Nutrition Policy and Promotion, January 2017, revised March 2017.

95. Lopoo, Leonard M., and Thomas DeLeire. "Family Structure and the Economic Wellbeing of Children during Youth and Adulthood." *Social Science Research* 43, no. 1 (2014): 30 – 44.

96. Lovenheim, Michael, and Kevin Mumford. "Do Family Wealth Shocks Affect Fertility Choices? Evidence from the Housing Market." *Review of Economics and Statistics* 95,

no. 2 (2013): 464 – 75.

97. Ludwig, Jens, and Douglas L. Miller. "Does Head Start Improve Children's Life Chances? Evidence from a Regression Discontinuity Design." *Quarterly Journal of Economics* 122, no. 1 (2007): 159 – 208.

98. Lundquist, Erika, JoAnn Hsueh, Amy E. Lowenstein, Kristen Faucetta, Daniel Gubits, Charles Michalopoulos, and Virginia Knox. *A Family–Strengthening Program for Low–Income Families: Final Impacts from the Supporting Healthy Marriage Evaluation*. OPRE report 2014 – 09A. Washington, DC: Office of Planning, Research and Evaluation, Administration for Children and Families, US Department of Health and Human Services, 2014.

99. Mancuso, Gail, dir . *Modern Family* . Season 4, episode 7, "Arrested." Aired November 7, 2012, on ABC.

100. Mani, Anandi, Sendhil Mullainathan, Eldar Shafir, and Jiaying Zhao. "Poverty Impedes Cognitive Function." *Science* 341, no. 6149 (2013): 976 – 80.

101. Manning, Wendy D., Marshall N. Fettro, and Esther Lamidi. "Child Well–Being in Same–Sex Parent Families: Review of Research Prepared for American Sociological Association Amicus Brief." *Population Research Policy Review* 33, no. 4 (2014): 485 – 502.

102. Manoli, Day, and Nicholas Turner. "Cash–On–Hand and College Enrollment: Evidence from Population Tax Data and the Earned Income Tax Credit." *American Economic Journal: Economic Policy* 10, no. 2 (2018): 242 – 71.

103. Mayer, Susan, Ariel Kalil, Philip Oreopoulos, and Sebastian Gallegos. "Using Behavioral Insights to Increase Parental Engagement: The Parents and Children Together Intervention." *Journal of Human Resources* 54, no. 4 (2019): 900 – 925.

104. MBK Alliance. "We Are Our Brothers' Keepers." Obama Foundation, Accessed April 14, 2021.

105. McLanahan, Sara, and Audrey N. Beck. "Parental Relationships in Fragile Families." *Future of Children* 20, no. 2 (Fall 2010): 17 – 38.

106. McLanahan, Sara, Irwin Garfinkel, Nancy Reichman, Julien Teitler, Marcia Carlson, and Christina Norland Audigier. *The Fragile Families and Child Wellbeing Study: Baseline National Report*. Princeton, NJ: Bendheim–Thoman Center for Research on Child Wellbeing, March 2003.

107. McLanahan, Sara, and Gary Sandefur. *Growing Up with a Single Parent: What Hurts, What Helps*? Cambridge, MA: Harvard University Press, 1994.

108. McLanahan, Sara, Laura Tach, and Daniel Schneider, "The Causal Effects of Father Absence." *Annual Review of Sociology* 39 (2013): 399–427.

109. Meezan, William, and Jonathan Rauch. "Gay Marriage, Same-Sex Parenting, and America's Children." *Future of Children* 15, no. 2 (2005): 97–115.

110. Miller, Sarah, and Laura R. Wherry. "The Long-Term Effects of Early Life Medicaid Coverage." *Journal of Human Resources* 54, no. 3 (2019): 785–824.

111. Mitchell, Jessica. 2019 Big Brothers Big Sisters of America Annual Impact Report. Cincinnati, OH: Big Brothers Big Sisters of America, May 2020.

112. Moffitt, Robert A. "The Effect of Welfare on Marriage and Fertility." In *Welfare, the Family, and Reproductive Behavior: Research Perspectives*, edited by Robert A. Moffitt and National Research Council (US) Committee on Population. Washington, DC: National Academies Press (US), 1998.

113. Murray, Charles. *Coming Apart: The State of White America 1960–2010*. New York: Crown Forum, 2012.

114. Norris, Samuel, Matthew Pecenco, and Jeffrey Weaver. "The Effects of Parental and Sibling Incarceration: Evidence from Ohio." *American Economic Review* 111, no. 9 (2021): 2926–63.

115. Obama, Barack. Father's Day Speech . Apostolic Church of God, Chicago, IL, June 15, 2008.

116. Okun, Arthur M. *Equality and Efficiency*: The Big Tradeoff. Washington, DC: Brookings Institution, 1975. （中文译本：［美］阿瑟·奥肯：《平等与效率》，王奔洲译，华夏出版社 1999 年版。）

117. Page, Sydney. "This 11-Year-Old Sells Cups of Lemonade to Buy Diapers for Single Moms." *Washington Post*, August 21, 2020.

118. Personal Responsibility and Work Opportunity Reconciliation Act of 1996. Pub. L. No. 104-193, 110 Stat. 2105 (1996).

119. Pew Research Center. *Parenting in America: Outlook, Worries, Aspirations Are Strongly Linked to Financial Situation*. Washington, DC: Pew Research Center, 2015.

120. Pew Research Center. "Religion and Living Arrangements around the World." Pew Research Center, December 12, 2019.

121. Price, Joseph, and Ariel Kalil. "The Effect of Mother-Child Reading Time on Children's Reading Skills: Evidence from Natural Within-Family Variation." *Child Development* 90, no. 6 (2019): 688–702.

122. Ramey, Garey, and Valerie A. Ramey. "The Rug Rat Race." *Brookings Papers on*

不结婚的社会

Economic Activity, Economic Studies Program 41, no. 1 (Spring 2010): 129‑99.

123. Raspberry, William. "The Men Aren't There to Marry." *Washington Post*, May 8, 1985.

124. Reardon, Sean F. "The Widening Socioeconomic Status Achievement Gap: New Evidence and Possible Explanations." In *Whither Opportunity? Rising Inequality and the Uncertain Life Chances of Low-Income Children*, edited by R. J. Murnane and G. J. Duncan, 91‑116. New York: Russell Sage Foundation, 2011.

125. Reardon, Sean F., and Ximena A. Portilla. "Recent Trends in Income, Racial, and Ethnic School Readiness Gaps at Kindergarten Entry." *AERA Open* 2, no. 3 (July 2016).

126. Reczek, Corinne. "Sexual‑ and Gender‑Minority Families: A 2010 to 2020 Decade in Review." *Journal of Marriage and Family* 82, no. 1 (2020): 300‑325.

127. "Resilience." Center on the Developing Child, Harvard University, Accessed July 20, 2021.

128. Sawhill, Isabel. *Generation Unbound: Drifting into Sex and Parenthood without Marriage*. Washington, DC: Brookings Institution Press, 2014.

129. Shenhav, Na'ama. "Lowering Standards to Wed? Spouse Quality, Marriage, and Labor Market Responses to the Gender Wage Gap." *Review of Economics and Statistics* 103, no. 2 (2021): 265‑79.

130. Stevenson, Betsey, and Justin Wolfers. "Bargaining in the Shadow of the Law: Divorce Laws and Family Distress." *Quarterly Journal of Economics* 121, no. 1 (February 2006): 267‑288.

131. "Study Finds American Women Delaying Motherhood because the Whole Thing Blows." *Onion*, June 18, 2021.

132. "Tenement Apartment Tours." Tenement Museum, Accessed November 7, 2022.

133. Thompson, Owen. "Head Start's Long‑Run Impact: Evidence from the Program's Introduction." *Journal of Human Resources* 53, no. 4 (2018): 1100‑1139.

134. Tierney, Joseph P., Jean B. Grossman, and Nancy L. Resch. *Making a Difference: An Impact Study of Big Brothers/Big Sisters*. Philadelphia, PA: Public/Private Ventures, 1995.

135. Trickey, Erick. "What Works: Group Therapy Is Saving Lives in Chicago." *Politico*, September 21, 2017.

136. US Census Bureau. *Income and Poverty in the United States: 2019*. Current Population Reports P60‑270. Washington, DC: United States Census Bureau, September 2020.

137. US Department of Education, Office for Civil Rights, Civil Rights Data Collection. "2013‑14 Discipline Estimations by Discipline Type" and "2013‑14 Estimations

for Enrollment." In National Center for Education Statistics, "Percentage of Students Receiving Selected Disciplinary Actions in Public Elementary and Secondary Schools, by Type of Disciplinary Action, Disability Status, Sex, and Race/Ethnicity: 2013－14." *Digest of Education Statistics*, table 233.28, January 2018.

138. US Department of Health and Human Services. *Vital Statistics of the United States 1980: Volume 1－Natality*. Hyattsville, MD: National Center for Health Statistics, 1984.

139. US Department of Health and Human Services, Administration for Children and Families. "Home Visiting Evidence of Effectiveness." Accessed November 15, 2022.

140. US Department of Health and Human Services, Office of Child Care. "Home Visiting." Last Updated May 19, 2022.

141. US Department of Health and Human Services, Office of Family Assistance. "About Healthy Marriage and Responsible Fatherhood." Updated April 8, 2021.

142. US Department of Health, Education, and Welfare. *Vital Statistics of the United States 1960: Volume 1－Natality*. Washington, DC: US Department of Health, Education, and Welfare, 1963.

143. Vance, J. D. *Hillbilly Elegy: A Memoir of a Family and Culture in Crisis*. New York: Harper, 2016. （中文译本：［美］J.D.万斯：《乡下人的悲歌》，刘晓同、庄逸抒译，江苏凤凰文艺出版社 2017 年版。）

144. Watson, Tara. "Inequality and the Measurement of Residential Segregation by Income in American Neighborhoods." *Review of Income and Wealth* 55, no. 3 (2009): 820－44.

145. Whitaker, Anamarie A., Garrett Baker, Luke J. Matthews, Jennifer Sloan McCombs, and Mark Barrett. *Who Plays, Who Pays? Funding for and Access to Youth Sports*. Santa Monica, CA: RAND Corporation, 2019.

146. Wilson, William Julius. *The Truly Disadvantaged: The Inner City, the Underclass, and Public Policy*. Chicago: University of Chicago Press, 1987.

147. Youth Guidance. *Annual Report 2018－2019*. Chicago: Youth Guidance, 2020. https://www.youth-guidance.org/wp-content/uploads/2022/11/Youth-Guidance-Annual-Report-2018-2019.pdf.

148. Ziliak, James. Temporary Assistance for Needy Families. *Economics of Means-Tested Transfer Programs*, vol. 1. Robert Moffitt,ed. Chicago: University of Chicago Press, 2015. 303－93.

不结婚的社会